Leitfaden zur Einführung

in das

Bürgerliche Gesetzbuch

und

seine Nebengesetze.

Von

Dr. F. Fidler,

Amtsgerichtsrath in Münster i. W.

Ergänzungsheft.

Berlin.

J. Guttentag, Verlagsbuchhandlung,

G. m. b. H.

1899.

Vorbemerkung.

Am Schlusse des Vorworts zum Hauptwerke wurde das Erscheinen eines Nachtragsheftes in Aussicht gestellt, das sogleich nach Erlaß der noch ausstehenden preußischen Ausführungsgesetze eine Zusammenstellung der daraus in Betracht kommenden Bestimmungen unter Nachweis der Stelle, an die sie im Hauptwerke gehören, bringen sollte. Das vorliegende Heft bildet die Erfüllung dieses Versprechens. Die Nachträge sind mit fortlaufenden Nummern versehen. Diese Einrichtung bezweckt, die Verbindung zwischen dem Hauptwerke und den Nachträgen herzustellen: es genügt dazu, an den betreffenden Stellen des Hauptwerkes am Rande die Nummer der Nachträge zu verzeichnen.

Mit den Nachträgen verbunden ist ein von vielen Seiten gewünschtes Sachregister, welches das Hauptwerk und die Nachträge umfaßt.

Ich benutze diese Gelegenheit, um mich kurz gegen einen Vorwurf zu wenden, der gegen das Werk erhoben ist, nämlich gegen den Vorwurf, es sei zu umfangreich, zu „dick“. Darauf ist Folgendes zu erwidern:

Es wird übersehen, daß das Werk nicht blos das Bürgerliche Gesetzbuch, sondern auch das Handelsgesetzbuch und die gesammten das Verfahren betreffenden Gesetze behandelt. Der Behandlung des BGB ist noch nicht die Hälfte des Werkes gewidmet: gewiß eine gedrängte Darstellung des gewaltigen Stoffes. Der Rest fällt auf die übrigen, kurz als Nebengesetze bezeichneten Materien, das Verfahren in allen Angelegenheiten der streitigen und freiwilligen Gerichtsbarkeit umfassend. Den Gerichtsschreibern, für die ja das Werk in erster Linie bestimmt war, sind vermöge ihrer geschäftlichen Stellung die formellen Bestimmungen viel wichtiger, als die materiell-rechtlichen. Daß der Gerichtsschreiber nicht alles das zu wissen braucht, was in dem Buche steht, ist unzweifelhaft; aber für ebenso unzweifelhaft erachte ich es, daß er ein Buch in Händen haben muß, in dem er alles das finden kann. Der Wunsch eines Kritikers nach einem Buche, worin nur das stehen soll, was der Gerichtsschreiber wissen muß, geht von der Voraussetzung eines so niedrigen Bildungsniveaus des Gerichtsschreibers aus, wie es meiner Anschauung von der Stellung des Gerichtsschreibers niemals entsprechen wird. Und wenn derselbe Kritiker die Gerichtsschreiber bedauert, die alles das wissen sollen, was in dem Werke enthalten sei, so hilft das den Gerichtsschreibern nicht darüber hinweg, daß sie thatsächlich in dem eben dargelegten Sinne in der Lage sein müssen, sich die Kenntniß von allem dem zu verschaffen, was in dem Werke niedergelegt ist.

Die an mehreren Stellen (S. 25, 27, 45, 57, 68) in Bezug genommenen Verfügungen sind bisher nicht veröffentlicht. Es wird gebeten, nach ihrem Erscheinen das Datum derselben und ihre Stelle im Justizministerialblatt handschriftlich nachzutragen. Die Herausgabe des Ergänzungshefts sollte nicht länger hinausgeschoben werden, damit es noch vor dem 1. Januar 1900 in Gebrauch genommen werden könne.

Münster, im September 1899.

Der Verfasser.

Abkürzungen.

AG BGB = Ausführungsgesetz zum Bürgerlichen Gesetzbuche, vom 20. September 1899 (GS S. 177).

AG CPO = Ausführungsgesetz zur Civilprozeßordnung vom 24. März 1879 in der Fassung des Gesetzes vom 22. September 1899.

AG CPNov = Ausführungsgesetz zum Reichsgesetze vom 17. Mai 1898 betr. Aenderungen der Civilprozeßordnung, vom 22. September 1899 (GS S. 284).

AG GBO = Ausführungsgesetz zur Reichsgrundbuchordnung, vom 26. September 1899 (GS S. 307).

AG HGB = Ausführungsgesetz zum Handelsgesetzbuche, vom 24. September 1899 (GS S. 303).

AG ZVG = Ausführungsgesetz zum Reichsgesetz über die Zwangsversteigerung und Zwangsverwaltung, vom 23. September 1899 (GS S. 291).

Pr FGG = Preußisches Gesetz über die freiwillige Gerichtsbarkeit, vom 21. September 1899 (GS S. 249).

I. Nachträge.

1. — S. **12** unter Z. 3 v. o. zuzusetzen: Durch das **Gesindeverhältniß** wird ein **Wohnsitz nicht** begründet (Art. 14 § 1 Abs. 4 AG BGB).

2. — S. **29** unter Z. 10 v. u.: ζ. bei Ansprüchen wegen Gebühren und Kosten, die der Beitreibung im Verwaltungszwangsverfahren unterliegen (vgl. § 79 II aa) und bb)) durch eine an den Zahlungspflichtigen erlassene Aufforderung zur Zahlung und durch die Bewilligung einer von ihm nachgesuchten Stundung (Art. 8 § 2 Ziff. 2 AG BGB).

3. — S. 33 unter Z. 13 v. o. einzufügen:

II. nach preuß. **Landesrecht**: aa) die Ansprüche der Kirchen, der Geistlichen und sonstigen Kirchenbeamten wegen der Gebühren für kirchliche Handlungen, — bb) die Ansprüche auf Zahlung der von einer Verwaltungsbehörde, einem Verwaltungsgericht oder einer Auseinandersetzungsbehörde nicht oder zu wenig eingezogenen Kosten, — cc) die Ansprüche der Ortsbehörden wegen der Gebühren für Handlungen der freiwilligen Gerichtsbarkeit oder für ihre Thätigkeit als gerichtliche Hilfsbeamte, — dd) die Ansprüche auf Rückerstattung von Kosten, die von einer öffentlichen Behörde mit Unrecht erhoben sind, — ee) die Ansprüche auf Rückstände von Verkehrsabgaben, die in Folge einer besonderen Berechtigung an Privatpersonen zu entrichten sind (Art. 8 § 1 AG BGB), — ff) die Ansprüche des Fiskus auf Zahlung von Gerichtskosten (§ 13 Pr GKG).

4. — S. 33 Z. 17 am Schlusse zufügen: bezw. in welchem die Gebühren oder Kosten fällig werden oder die Ansprüche entstehen (Art. 8 § 2 Ziff. 1 AG BGB).

5. — S. 38 Z. 11 v. o. hinter § 246 BGB einzuschalten: Art. 10 AG BGB.

6. — S. 46 Z. 5—3 v. u. wie folgt zu fassen: b) von dieser Ausnahme bilden aber wiederum eine Ausnahme Zahlungen aus **öffentlichen Kassen**: diese sind, wenn nichts Anderes bestimmt ist, an der Kasse in Empfang zu nehmen, zu **holen** (Art. 92 EG BGB, Art. 11 AG BGB).

7. — S. 60 unter Z. 14 v. u. zuzusetzen: Die Verordnung, betr. die Hauptmängel und Gewährfristen beim Viehhandel, vom 27. März 1899 (RGBl S. 219) trifft folgende Bestimmungen:

§ 1. Für den Verkauf von **Nutz- und Zuchtthieren** gelten als Hauptmängel:

I. bei Pferden, Eseln, Mauleseln und Maulthieren:

1. Rotz (Wurm) mit einer Gewährfrist von vierzehn Tagen;
2. Dummkoller (Koller, Dummsein) mit einer Gewährfrist von vierzehn Tagen; als Dummkoller ist anzusehen die allmählich oder in Folge der akuten Gehirnwassersucht entstandene, unheilbare Krankheit des Gehirns, bei der das Bewußtsein des Pferdes herabgesetzt ist;
3. Dämpfigkeit (Dampf, Hartschlägigkeit, Bauchschlägigkeit) mit einer Gewährfrist von vierzehn Tagen; als Dämpfigkeit ist anzusehen die Athembeschwerde, die durch einen chronischen, unheilbaren Krankheitszustand der Lungen oder des Herzens bewirkt wird;
4. Kehlkopfpfeifen (Pfeiferdampf, Hartschnaufigkeit, Rohren) mit einer Gewährfrist von vierzehn Tagen; als Kehlkopfpfeifen ist anzusehen die durch einen chronischen und unheilbaren Krankheitszustand des Kehlkopfs oder der Luftröhre verursachte und durch ein hörbares Geräusch gekennzeichnete Athemstörung;
5. periodische Augenentzündung (innere Augenentzündung, Mondblindheit) mit einer Gewährfrist von vierzehn Tagen; als periodische Augenentzündung ist anzusehen die auf inneren Einwirkungen beruhende, entzündliche Veränderung an den inneren Organen des Auges;
6. Koppen (Krippensetzen, Aufsetzen, Freikoppen, Luftschnappen, Windschnappen) mit einer Gewährfrist von vierzehn Tagen;

II. bei Rindvieh:

1. tuberkulöse Erkrankung, sofern in Folge dieser Erkrankung eine allgemeine Beeinträchtigung des Nährzustandes des Thieres herbeigeführt ist, mit einer Gewährfrist von vierzehn Tagen;
2. Lungenseuche mit einer Gewährfrist von achtundzwanzig Tagen;

III. bei Schafen:

Räude mit einer Gewährfrist von vierzehn Tagen;

IV. bei Schweinen:
1. Rothlauf mit einer Gewährfrist von drei Tagen;
2. Schweineseuche (einschließlich Schweinepest) mit einer Gewährfrist von zehn Tagen.

§ 2. Für den Verkauf solcher Thiere, die **alsbald** geschlachtet werden sollen und bestimmt sind, als Nahrungsmittel für Menschen zu dienen (**Schlachtthiere**), gelten als Hauptmängel:

I. bei Pferden, Eseln, Mauleseln und Maulthieren:
Rotz (Wurm) mit einer Gewährfrist von vierzehn Tagen;

II. bei Rindvieh:
tuberkulöse Erkrankung, sofern in Folge dieser Erkrankung mehr als die Hälfte des Schlachtgewichts nicht oder nur unter Beschränkungen als Nahrungsmittel für Menschen geeignet ist, mit einer Gewährfrist von vierzehn Tagen;

III. bei Schafen:
allgemeine Wassersucht mit einer Gewährfrist von vierzehn Tagen; als allgemeine Wassersucht ist anzusehen der durch eine innere Erkrankung oder durch ungenügende Ernährung herbeigeführte wassersüchtige Zustand des Fleisches;

IV. bei Schweinen:
1. tuberkulöse Erkrankungen unter der in der Nr. II bezeichneten Voraussetzung mit einer Gewährfrist von vierzehn Tagen;
2. Trichinen mit einer Gewährfrist von vierzehn Tagen;
3. Finnen mit einer Gewährfrist von vierzehn Tagen.

8. — S. 73 Z. 13 v. u. a. E. zuzusetzen: Art. 14 AG BGB) und unter Z. 13 einzufügen:

Ein Züchtigungsrecht steht dem Dienstberechtigten dem Gesinde gegenüber nicht zu (Art. 95 Abs. 3 EG BGB).

9. — S. 86 hinter Z. 18 ist einzuschalten:

b) Dagegen gestattet das BGB (§§ 385, 1221 das. — vgl. §§ 933, 292 d) β —) dem zur Hinterlegung berechtigten Schuldner und dem Pfandgläubiger, sowie das HGB (§§ 373, 376, 379, 388, 389, 437 das. — vgl. §§ 146, 124, 178 a), 178 b) —) beim Selbsthilfeverkauf des Käufers, Kommissionärs und Frachtführers Sachen, die einen Börsen- oder Marktpreis haben, aus freier Hand zum laufenden Preise durch einen zu solchen Verkäufen **öffentlich ermächtigten** Handelsmäkler verkaufen zu lassen. Ueber die Ertheilung dieser Ermächtigung haben die Landesgesetze Bestimmung zu treffen. Das AG BGB trifft in Art. 13 folgende Vorschriften (die sich an die vorerwähnten, die früheren amtlich bestellten Handelsmäkler betreffenden des Art. 9 des Preuß. Einf Ges zum HGB [von 1861 anschließen): Die öffentliche Ermächtigung wird für Orte, an welchen eine Handelskammer oder eine kaufmännische Körperschaft ihren Sitz hat, durch diese, vorbehaltlich der Bestätigung des Regierungspräsidenten, für andere Orte durch den Regierungspräsidenten ertheilt. Die Ermächtigung wird erst wirksam, wenn der Handelsmäkler den Eid leistet, daß er die ihm obliegenden Pflichten getreu erfüllen werde. Für die **Abnahme dieses Eides** ist das **Amtsgericht** zuständig, in dessen Bezirke der Handelsmäkler seine Geschäftsräume oder in Ermangelung solcher seinen Wohnsitz hat; die Beeidigung kann jedoch auch von der Handelskammer oder der kaufmännischen Korporation vorgenommen werden, welche die Ermächtigung ertheilt hat. Die Rücknahme der Ermächtigung erfolgt auf Klage des Regierungspräsidenten durch den Bezirksausschuß.

10. — S. **99** zu XII als *β* einzuschalten:

In Art. 96 EG BGB werden die landesgesetzlichen Vorschriften aufrecht erhalten, die einen mit der Ueberlassung eines Grundstücks in Verbindung stehenden Leibgedings- (Leibzuchts-, Altentheils-, Auszugs-, Uebertrags-, Vitalitien-) Vertrag betreffen, soweit sie das sich aus dem Vertrage ergebende Schuldverhältniß für den Fall regeln, daß nicht besondere Vereinbarungen getroffen werden. In Ausführung dieses Vorbehalts giebt Art. 15 AG BGB folgende Normativ-Bestimmungen, die zur Anwendung kommen, wenn die Vertragschließenden nicht ihren davon abweichenden Willen im Vertrage zum Ausdruck gebracht haben:

a) Der Erwerber des Grundstücks ist verpflichtet, dem Berechtigten an dem Grundstücke eine den übernommenen wiederkehrenden Leistungen entsprechende Reallast, und, wenn dem Berechtigten das Recht eingeräumt ist, ein auf dem Grundstücke befindliches Gebäude oder einen Theil eines solchen Gebäudes zu bewohnen oder mitzubewohnen oder einen Theil des Grundstücks in sonstiger Weise zu benutzen, eine entsprechende persönliche Dienstbarkeit mit dem Range unmittelbar hinter den zur Zeit der Ueberlassung bestehenden Belastungen zu bestellen. Dem Leibgeding steht also nicht ohne Eintragung in das Grundbuch die Eigenschaft eines dinglichen Rechts, einer Reallast zu; der Berechtigte kann aber auf Grund des Vertrages diese Eintragung verlangen (zu vgl. § 50 GBO — § 721 —).

b) Das Leibgedinge ist wie die Leibrente (vgl. §§ 759, 760 BGB — oben A —) als auf die Lebenszeit des Berechtigten versprochen anzusehen; es ist im Voraus zu entrichten und eine Rückforderung findet nicht statt, wenn der Berechtigte, der Leistungen dem Vertrage gemäß im Voraus empfangen hat, vor dem nächsten Fälligkeitstermine stirbt.

c) Hat der Verpflichtete dem Berechtigten Erzeugnisse solcher Gattung zu leisten, wie sie auf dem überlassenen Grundstücke gewonnen werden, so kann der Berechtigte nur Erzeugnisse von der mittleren Art und Güte derjenigen verlangen, welche auf dem Grundstücke bei ordnungsmäßiger Bewirthschaftung gewonnen werden, nicht (wie nach § 243 BGB) Erzeugnisse mittlerer Art und Güte nach allgemeiner Schätzung.

d) Lasten, die auf einen dem Berechtigten zur Benutzung überlassenen Theil des Grundstücks entfallen, hat der Verpflichtete zu tragen, nicht, wie sonst beim Nießbrauch (§ 1047 BGB — § 302 —) der Berechtigte.

e) Ist dem Berechtigten eine abgesonderte Wohnung zu gewähren, so hat der Verpflichtete sie ihm in einem zu dem vertragsmäßigen Gebrauche geeigneten Zustande zu überlassen und sie während der Dauer seiner Verpflichtung in diesem Zustande zu erhalten. Es liegen also dem Verpflichteten und nicht, wie sonst beim Wohnungsrechte (§§ 1093, 1041 BGB) dem Berechtigten, auch die zur gewöhnlichen Unterhaltung gehörenden Ausbesserungen und Erneuerungen ob. Wird das Gebäude durch Zufall zerstört, so hat der Verpflichtete die Wohnung in einer nach den Umständen der Billigkeit entsprechenden Zeit und Weise wiederherzustellen und bis zur Wiederherstellung dem Berechtigten eine angemessene andere Wohnung zu beschaffen.

f) Der zur Gewährung einer abgesonderten Wohnung Berechtigte ist befugt, seine Familie sowie die zur standesgemäßen Bedienung und zur Pflege erforderlichen Personen in die Wohnung aufzunehmen. Geht die Berechtigung aber nur auf die Mitbenutzung der Wohnung des Verpflichteten, so erstreckt sich die Befugniß zur Aufnahme der Familie des Berechtigten nicht auf solche Personen, die erst nach der Schließung des Leibgedingsvertrages durch Eheschließung, Ehelichkeitserklärung oder Annahme an Kindesstatt Familienangehörige geworden sind, und nicht auf Kinder, die aus dem Hausstande des Berechtigten ausgeschieden waren.

g) Dem Berechtigten steht nicht das Recht zu, wegen Nichterfüllung oder Verzuges der vertragsmäßigen Leistung seitens des Verpflichteten vom Vertrage zurückzutreten (anders §§ 325, 326 BGB) oder die Herausgabe des Grundstücks zu fordern (anders § 527 BGB). Er kann vielmehr stets nur die Bewirkung der Leistung verlangen.

h) Wird durch das Verhalten eines der Betheiligten eine solche Störung der persönlichen Beziehungen veranlaßt, daß das fernere Zusammenwohnen auf dem Grundstücke dem einen oder anderen nicht zugemuthet werden kann, so hat

α. wenn der Verpflichtete die Schuld trägt, er dem Berechtigten, falls dieser die Wohnung aufgiebt, den für die Beschaffung einer angemessenen Wohnung erforderlichen Aufwand, sowie den Schaden zu ersetzen, der dem Berechtigten daraus entsteht, daß er andere ihm gebührende Leistungen nicht auf dem Grundstücke in Empfang nehmen kann; statt der Leistungen kann der Berechtigte Entschädigung in Geld verlangen;

β. wenn der Berechtigte die Schuld trägt, der Verpflichtete das Recht, die Wohnung unter Gewährung einer angemessenen Räumungsfrist zu kündigen und statt der Wohnung eine Geldrente zu gewähren, die nach billigem Ermessen dem Werthe der Vortheile entspricht, die er durch die Befreiung von der Pflicht zur Gewährung der Wohnung und zu Dienstleistungen erlangt.

γ. Die Gewährung einer nach billigem Ermessen festzusetzenden entsprechenden Geldrente statt der Wohnung und sonstigen Leistungen ist auch dann zulässig, wenn der Berechtigte durch andere Umstände als durch das Verhalten des Verpflichteten ohne eigenes Verschulden, insbesondere durch Krankheit, genöthigt ist, das Grundstück dauernd zu verlassen.

i) Ist ein Leibgedinge für mehrere Berechtigte, insbesondere für Ehegatten vereinbart, so wird der Verpflichtete durch den Tod eines der Berechtigten zu dem Kopftheile des Verstorbenen von seiner Verpflichtung frei, soweit die geschuldeten Leistungen zum Zwecke des Gebrauchs oder Verbrauchs unter den Berechtigten getheilt werden mußten; die für einen einheitlichen ungetheilt zu deckenden Bedarf bestimmten Leistungen, wie Beleuchtung, Heizung usw. bleiben im vollen Umfange bestehen.

Im Uebrigen ist noch hinsichtlich der Voraussetzungen und Form des Vertrages § 1062 zu vergleichen.

11. — S. **118** unter Z. 8 v. u. einzuschalten:

ι. **Landesrechtliche Vorschriften über das Nachbarrecht** (aufrecht erhalten durch Art. 124 EG BGB und Art. 89 Nr. 1 b) Abs. 1 AG BGB). Außer den baupolizeilichen Vorschriften der §§ 33—69,

71—82 ALR I 8, die ihres öffentlich-rechtlichen Charakters wegen gemäß Art. 111 EG BGB bestehen bleiben, kommen folgende in Betracht:

aa) Neue Thüren, welche unmittelbar auf des Nachbars Grund und Boden führen, dürfen wider dessen Willen nicht angelegt werden (§ 148 ALR I 8). Bestehen sie längere Zeit ohne Widerspruch, so trifft das Verbot nicht zu.

bb) Der Grundeigenthümer ist zur Errichtung von Scheidewänden an der Grenze berechtigt. Bei städtischen Grundstücken und Gärten ist er dem Nachbarn zwar nicht zur Errichtung von Umhegungen, wohl aber zur Erhaltung bereits angelegter Scheidungen verpflichtet (§§ 149, 162 ALR I 8).

cc) In einer Reihe von Fällen fordert das ALR für Anlagen einen gewissen Abstand von der Grenze oder den Anlagen des Nachbars. Dabei legt es den rheinländischen oder preußischen Fuß oder Werkschuh = 0,31385 m zu Grunde. So müssen Schweineställe, Kloaken, Dünger-, Lohgruben und andere, ätzende Flüssigkeiten verbreitende und dadurch den Gebäuden schädliche Anstalten 3 Fuß, Rinnen und Kanäle zur Abführung von Wasser 1 Fuß Abstand von den bei ihrer Errichtung vorhandenen nachbarlichen Gebäuden haben. Auch müssen dergleichen Gruben und Behältnisse von Grund aus aufgemauert werden (§§ 125—128 ALR I 8). Wer seinen Boden erhöhen will, hat, wenn dem Nachbar Schaden hieraus erwachsen kann, 3 Fuß entfernt von dessen Verzäunung oder Mauer zurückzubleiben. Entsprechendes gilt von Erniedrigungen des Bodens durch Gräben oder andere Anlagen (§§ 185—187 ALR I 8; vgl. § 909 BGB — oben *d* —). Lebendige Hecken müssen 1½ Fuß von der Grenze zurücktreten (§§ 175 ALR I 8). Feuergefährliche Oefen (Back-, Brenn- oder Schmelzöfen, sowie Feuerherde) dürfen an einer Scheidewand nicht angelegt werden (§ 133 das.). Auch darf innerhalb 3 Fuß von der Nachbargrenze kein neuer Brunnen angelegt werden (§ 131 das.).

dd) Insbesondere sollen nach ALR neu errichtete Gebäude von bereits vorhandenen Gebäuden 3 Fuß, von unbebautem Gelände des Nachbars 1½ Fuß zurücktreten, sofern diese Bestimmung nicht durch örtliche Baupolizeiordnungen außer Kraft gesetzt ist, wie es in Städten meistens der Fall sein wird (§§ 139, 140 ALR I 8).

ee) Außerdem besteht nach dem ALR ein besonderes Fensterrecht. Einem Fenster, das seit 10 Jahren oder länger vorhanden ist, soll das bisher genossene Licht durch einen neuen Bau nicht völlig entzogen werden. Vielmehr muß jeder Neubau soweit zurücktreten, daß der Nachbar noch aus den ungeöffneten Fenstern des unteren Stockwerks den Himmel erblicken kann, wenn das Behältniß, zu dem sie gehören, nur durch sie Licht hat. Hat dasselbe noch von einer anderen Seite Licht, so muß der Neubau so weit zurücktreten, daß man noch aus den ungeöffneten Fenstern des zweiten Stockwerks den Anblick des Himmels hat (§§ 142, 143 ALR I 8).

ff) Man darf zwar in seiner Wand Oeffnungen und Fenster anlegen, auch wenn sie Aussicht über die benachbarten Grundstücke gewähren; aber der Nachbar darf fordern, daß solche Oeffnungen und Fenster, welche der Nachbar in einer unmittelbar an seinen Hof oder Garten stoßenden Wand anlegen will, wo es die Umstände gestatten, mindestens 6 Fuß über dem Boden des Behältnisses, in welchem sie sich befinden, angebracht und daß sie in allen Fällen vergittert werden (§§ 137, 138 ALR I 8).

gg) Der Nachbar muß dem Eigenthümer einer eine Scheidung bildenden Planke den Zutritt auf seinen Grund und Boden gestatten, um nothwendige Reparaturen und Bauten derselben vorzunehmen (§ 155 ALR I 8). Ob diese Vorschrift auf andere Reparaturen, insbesondere an Gebäuden, ausgedehnt werden darf, daß also, wie im gemeinen Recht das sog. Hammerschlagrecht auch nach ALR anzuerkennen wäre, ist streitig.

hh) Zäune und Wellerwände, welche Merkmale für das Eigenthum nicht zeigen, muß in der Regel jeder Besitzer eines städtischen Grundstücks rechts von seinem Haupteingang bauen, d. h. die verfallenen wiederherstellen und unterhalten; eine spätere Verlegung des Haupteingangs verändert seine bisher bestandene Verpflichtung nicht. Wer das Gebäude, das bisher einen Zaun ersetzt hat, wegnimmt, muß an dessen Stelle einen Zaun setzen und erhalten. Wenn der neu anbauende Nachbar links Hof und Garten schließen will, so hat er den schon vorhandenen Zaun seines Nachbars rechts zu unterhalten. Rück- und Querzäune und alle Scheidungen, deren einseitiges Eigenthum nicht ermittelt werden kann, sind gemeinschaftlich zu unterhalten (§§ 162—167 ALR I 8).

ii) Lebendige Hecken darf jeder statt seiner hölzernen Scheidung, 1½ Fuß von der Grenze und so, daß ihr Auswuchs und ihre Wurzeln nicht über diese reichen, anlegen; wider den Willen des Nachbars aber nicht, wenn die hölzerne Scheidung eine gemeinschaftliche war (§§ 170—184 ALR I 8).

12. — S. 118 letzte Zeile und S. 119 Z. 1 u. 2 v. o. zu ersetzen: In Preußen ist wegen der Zuständigkeit bestimmt, daß sowohl die Amtsgerichte als die Notare zuständig sind (Art. 31 Pr FGG); wegen des Verfahrens bewendet es bei den Vorschriften im ALR I 17 §§ 362 bis 371, welche in Art. 89 AG BGB aufrecht erhalten sind.

13. — S. 124 Z. 10 v. u. hinter (§§ 958—960 BGB) einzufügen: Das EG BGB läßt in Art. 130 die landesgesetzlichen Vorschriften unberührt, die das Recht zur Aneignung der einem Anderen gehörenden, im Freien betroffenen Tauben betreffen. Demgemäß bleiben die im ALR in §§ 111 ff I 9 gegebenen Bestimmungen, wonach Tauben unter gewissen Voraussetzungen dem freien Thierfange unterliegen (zu vgl. auch § 40 der Feldpolizeiverordnung vom 1. November 1847), desgleichen derartige Bestimmungen, welche in den Provinzialrechten enthalten sind, bestehen.

14. — S. 210 unter Z. 14 v. o. zufügen:

Durch diese Vorschriften in Verbindung mit der neuen Vorschrift in § 30 Abs. 2 HinterlO — unter § 1127 zu bb) — sind die Schwierigkeiten beseitigt, die sich früher vielfach der Wiedererlangung einer hinterlegten Sicherheit entgegenstellten.

15. — S. 233 Z. 16 v. o. zuzusetzen: In Preußen ist das Antragsrecht dem Armenverbande (Orts- oder Landarmenverbande) gegeben, dem die Fürsorge für den zu Entmündigenden im Falle seiner Hilfsbedürftigkeit obliegen würde (Art. 8 AG CPO).

16. — S. 285 am Ende der letzten Zeile zufügen: Der Hinterlegungserklärung ist der Nachweis beizufügen, daß das Aufgebotsverfahren eingeleitet ist (§ 19 HinterlO).

17. — S. 287 Z. 8 v. o. hinter Vorkaufsberechtigten einfügen: und Wiederkaufsberechtigten.

18. — S. 300 unter Z. 8 v. u. einzuschalten:

Auf Aufgebote, deren Zulässigkeit auf landesgesetzlichen Vorschriften beruht, finden die Vorschriften der CPO nur Anwendung, wenn der Eintritt von Rechtsnachtheilen durch besonderen Beschluß des Gerichts festgestellt werden muß. Für diese Aufgebote gelten folgende **allgemeine** Vorschriften: Die Erledigung der Aufgebotsanträge kann von der Landesjustizverwaltung für mehrere Amtsgerichtsbezirke einem Amtsgerichte übertragen werden; jedoch erfolgt auf Verlangen des Antragstellers die Erledigung durch das eigentlich zuständige Gericht. Bei der etwa vorgeschriebenen Mittheilung des Aufgebots an bestimmte Personen kann die Zustellung durch Aufgabe zur Post (§§ 175, 213 CPO — §§ 352 e) β, 359 b) δ —) erfolgen;

die Postsendungen sind mit der Bezeichnung „Einschreiben“ zu versehen (§ 27 AG CPO).

Nach Landesgesetz in Preußen zugelassene Aufgebote sind folgende:

a. Aufgebot zum Zwecke der Ausschließung unbekannter Personen, die das Eigenthum an einem Grundstücke, das ein Grundbuchblatt noch nicht erhalten hat, in Anspruch nehmen.

1. Für Grundstücke, die ein Grundbuchblatt noch nicht erhalten haben, erfolgt die Anlegung von Amtswegen — vgl. unten § 692 a). — Als Eigenthümer ist danach unter anderen derjenige einzutragen, der ein Ausschlußurtheil nach Maßgabe der unter 2 folgenden Vorschriften erworben hat (§§ 12, 16 Nr. 4 AV GBO).

2. Auf das **Verfahren** finden neben den allgemeinen Bestimmungen der CPO — §§ 476 ff — folgende besondere Vorschriften Anwendung:

a) **Zuständig** ist das Amtsgericht, in dessen Bezirke das Grundstück belegen ist (§ 18 AV GBO).

b) **Antragsberechtigt** ist der Besitzer des Grundstücks (§ 19 AV GBO).

Zur **Begründung** des Antrags hat der Antragsteller (§ 20 AV GBO):

α. entweder eine Bescheinigung der Ortsbehörde darüber, daß er das Grundstück im Eigenbesitz hat, beizubringen, oder den Erwerb des Grundstücks durch eine öffentliche Urkunde zu bescheinigen;

β. einen beglaubigten Auszug aus dem Steuerbuche über das Grundstück beizufügen;

γ. ein Verzeichniß der ihm bekannten Personen, welche das Eigenthum an dem Grundstücke für sich in Anspruch nehmen, mit Angabe ihres Wohnorts vorzulegen und zu versichern, daß ihm andere Personen der bezeichneten Art, als die angezeigten, nicht bekannt sind.

c) In das **Aufgebot** — § 478 — ist aufzunehmen (§ 21 AV GBO):

α. die Bezeichnung des Grundstücks nach Lage, Beschaffenheit und Größe;

β. die Aufforderung an die unbekannten Personen, welche das Eigenthum an dem Grundstücke in Anspruch nehmen, ihre Ansprüche spätestens im Aufgebotstermine anzumelden, widrigenfalls ihre Ausschließung erfolgen werde.

d) Die **öffentliche Bekanntmachung** erfolgt nach den allgemeinen Vorschriften — § 479 —.

Das Aufgebot soll aber außerdem den von dem Antragsteller angezeigten Personen, deren Wohnort bekannt ist, von Amtswegen zugestellt werden. Die Zustellung kann durch Aufgabe zur Post erfolgen; die Postsendungen sind mit der Bezeichnung „Einschreiben" zu versehen (§ 22 AB GBO).

e) Die **Aufgebotsfrist** ist die allgemeine von mindestens sechs Wochen — § 480 —.

f) In dem **Ausschlußurtheile** sind die Rechte der vom Antragsteller angezeigten Personen vorzubehalten, auch wenn sie nicht angemeldet sind (§ 23 AB GBO).

Das Gericht **kann** die öffentliche **Bekanntmachung** des wesentlichen **Inhalts** des Ausschlußurtheils durch einmalige Einrückung in den Reichsanzeiger anordnen (§ 956 CPO).

19. — S. 302 unter Z. 10 v. o. einzuschalten:

d. aa) im Falle der Hinterlegung zum Zwecke der Befreiung von einer Schuld (§ 382 BGB — § 1124 b) —) ein Zeugniß der Behörde über den Tag, an welchem der Gläubiger die Anzeige von der Hinterlegung empfangen hat;

bb) in den Fällen der Hinterlegung zum Zwecke des Aufgebots eines Hypotheken-, Grundschuld-, Rentenschuld- oder Schiffspfandgläubigers — § 489 f — das der Hinterlegungsstelle mitgetheilte Ausschlußurtheil;

cc) in den Fällen §§ 120, 121 ZVG — § 588 — ein Zeugniß der Behörde über den Tag, an welchem die Bedingung eingetreten ist, oder darüber, daß der Eintritt der Bedingung nicht hat ermittelt werden können.

20. — S. 302 vor Z. 11 v. u.:

c. Aufgebot zum Zwecke der Ausschließung des Widerspruchs unbekannter Familienmitglieder gegen einen Familienschluß bei einer Familienstiftung.

1. Zur Errichtung eines Familienschlusses bei einer Familienstiftung bedarf es der Zuziehung aller zu der Stiftung berechtigten Familienmitglieder. Ist Grund zu der Annahme gegeben, daß außer den von dem Vorstande zur Theilnahme an einem Familienschlusse angezeigten noch andere Familienmitglieder vorhanden sind, deren Leben oder Aufenthalt unbekannt ist, so ist vor der Genehmigung des Familienschlusses das etwaige Widerspruchsrecht dieser Familienmitglieder im Wege des Aufgebotsverfahrens zu beseitigen (Art. 2 § 10 Abs. 2 AG BGB).

2. **Verfahren.** Auf das Verfahren finden die allgemeinen Vorschriften der CPO über das Aufgebotsverfahren — §§ 476 ff — Anwendung; daneben gelten einige besondere Vorschriften.

a) **Zuständig** ist das Amtsgericht, in dessen Bezirke die Stiftung ihren Sitz hat (Art. 2 § 11 Abs. 1 AG BGB).

b) **Antragsberechtigt** ist der Vorstand der Stiftung (Abs. 2 a a O). Wegen der Begründung des Antrages vgl. unter 1.

c) In dem **Aufgebot** sind die Familienmitglieder, deren Leben oder Aufenthalt unbekannt ist, unter Bezeichnung des Gegenstandes des Familienschlusses aufzufordern, spätestens im Aufgebotstermine gegen den Familienschluß Widerspruch zu erheben, widrigenfalls sie mit ihrem Widerspruch ausgeschlossen werden würden (Abs. 3 a a O).

d) Die **öffentliche Bekanntmachung** erfolgt nach den allgemeinen Vorschriften — § 479 —.

e) Die **Aufgebotsfrist** ist die allgemeine von mindestens sechs Wochen — § 480 —.

f) Vor Erlaß des **Ausschlußurtheils** darf der Familienschluß nicht genehmigt werden (Art. 2 § 10 Abs. 2 AG BGB). Das Ausschlußurtheil **kann** von dem Gerichte durch **auszugsweise** Einrückung in den **Reichsanzeiger bekannt gemacht** werden (§ 956 CPO).

d. Aufgebot von Kuxscheinen.

Ein verloren gegangener Kuxschein kann im Wege des Aufgebotsverfahrens für kraftlos erklärt werden nach folgenden Vorschriften (§ 110 des Berggesetzes vom 24. Juni 1865 — GS S. 705):

a) **Zuständig** ist das Amtsgericht, in dessen Bezirk das Bergwerk liegt.

b) **Antragsberechtigt** ist derjenige, dem der Kuxschein verloren gegangen ist. Der Antragsteller hat den Besitz und Verlust des Kuxscheins glaubhaft zu machen.

c) In das **Aufgebot** — § 478 — ist aufzunehmen die Aufforderung an den unbekannten Inhaber des Kuxscheins, binnen drei Monaten den Kuxschein dem Gerichte vorzulegen, widrigenfalls derselbe für kraftlos erklärt werden würde.

d) Die **öffentliche Bekanntmachung** — § 479 — erfolgt durch dreimalige Einrückung in das Amtsblatt, den Reichsanzeiger und eine inländische Provinzialzeitung; das Gericht kann auch die Einrückung in eine ausländische Zeitung anordnen.

e) Die Aufgebotsfrist — § 480 — beträgt mindestens drei Monate.

f) **Das Ausschlußurtheil** wird erlassen, wenn sich Niemand meldet; wird der Kuxschein von einem Inhaber vorgelegt, so ist dem Antragsteller hiervon Kenntniß zu geben und ihm zu überlassen, sein Recht gegen den Inhaber geltend zu machen.

Das Gericht kann die öffentliche Bekanntmachung des wesentlichen Inhalts des Ausschlußurtheils durch einmalige Einrückung in den Reichsanzeiger anordnen (§ 956 CPO).

21. — S. 304 Z. 13 v. u. zu lesen: § 60 des Allg. Berggesetzes vom 24. Juni 1865 in der Fassung des Art. 37 III AG BGB.

22. — S. 310 sind die Zeilen 16 ff bis S. 311 Z. 1 u. 2 zu ersetzen wie folgt:

Oeffentliche Lasten sind in Preußen (Art. 1—3 AG ZVG):

1. die zur Erfüllung der Deichpflicht erforderlichen Beiträge und Leistungen, ohne Unterschied, ob sie von der zuständigen Staatsbehörde ausgeschrieben sind oder aus der auf einem Deichverbande beruhenden Deichpflicht entspringen (§§ 9, 18, 19 des Gesetzes über das Deichwesen vom 25. Januar 1848 — GS S. 54 —);

2. die **gemeinen** Lasten d. h. die auf einem nicht privatrechtlichen Titel beruhenden Abgaben und Leistungen, die auf dem Grundstücke nach Gesetz oder Verfassung haften, nämlich

Abgaben und Leistungen, die aus dem Kommunal-, Kirchen-, Pfarr- oder Schulverband entspringen oder an Kirchen, Pfarren, Schulen, Kirchen- oder Schulbediente zu entrichten sind,

Beiträge, die aus der Verpflichtung zu öffentlichen Wege-, Wasser- oder Uferbauten entstehen,

Beiträge, die an öffentliche Meliorationsgenossenschaften oder andere einen gemeinnützigen Zweck verfolgende Körperschaften des **öffentlichen** Rechts, insbesondere an Verbände, welche die Versicherung ihrer Mitglieder gegen den durch Brand, Hagelschlag oder Viehsterben entstehenden Schaden bezwecken (wozu also private Versicherungsgesellschaften auf Gegenseitigkeit **nicht** gehören), zu entrichten sind,

diejenigen Beiträge zur Entschädigung oder zu den Kosten der Schutzanlagen, welche nach Maßgabe des Gesetzes, betreffend Schutzwaldungen und Waldgenossenschaften vom 6. Juli 1875 (GS S. 416) den Eigenthümern gefährdeter oder gefahrbringender Grundstücke auferlegt sind.

3. Den öffentlichen Lasten in Ansehung des Rechts auf Befriedigung aus dem Grundstücke stehen gleich die an die Rentenbanken oder die Tilgungskassen abgetretenen Renten, die an die Staatskasse zu entrichtenden Ablösungsrenten, sowie bei Grundstücken, die an einer

Auseinandersetzung betheiligt sind, die in § 7 Nr. 6 des Gesetzes über das Kostenwesen in Auseinandersetzungssachen vom 24. Juni 1875 (GS S. 397) bezeichneten Kosten und Terminalvorschüsse auch außerhalb des ursprünglichen Geltungsbereichs des Gesetzes.

Die unter 1. bezeichneten Deichlasten gehen den übrigen unter 2. aufgeführten gemeinen Lasten (nicht aber, wie nach dem PrZVG den in der II. Klasse stehenden Ansprüchen) vor; die unter 3. bezeichneten Renten, Kosten und Vorschüsse haben den Rang zwischen den unter 1. und 2. bezeichneten Lasten (§ 4 EG ZVG, Art. 1 Abs. 2, Art. 3 Abs. 2 AG ZVG).

23. — S. 315 Z. 19, 20: In Ausführung dieses Vorbehalts ist in Art. 4 AG ZVG vorgeschrieben, daß dem Antrage ein das Grundstück betreffender neuester Auszug aus der Grundsteuermutterrolle und der Gebäudesteuerrolle beigefügt werden soll, soweit er nach Lage der Rollen ertheilt werden kann.

24. — S. 323 Z. 18 v. o. hinter „Blatt" einzuschalten: in Preußen in den Anzeiger des Amtsblatts (Art. 5 AG ZVG).

25. — S. 327 Z. 10/11 statt § 112 Pr ZVG zu lesen: Art. 8 AG ZVG.

26. — S. 329 Z. 19 v. o. hinter „bedürfen" einzuschalten: (nämlich das in den Fällen der Enteignung oder der Grundabtretung zu Zwecken des Bergbaubetriebs bestehende gesetzliche Vorkaufsrecht, die Gebrauchs- und Nutzungsrechte, welche nach den §§ 8, 142 des Allg. Berggesetzes vom 24. Juni 1865 im Wege des Zwangsverfahrens erworben werden können und die den Rentenbanken überwiesenen Renten und die Domänen-Amortisationsrenten).

27. — S. 329 Z. 23 v. o. statt §§ 22 Abs. 3, 60 Pr ZVG zu lesen: Art. 6 AG ZVG.

28. — S. 337 ist zu Z. 17, 18 „Die Ertheilung des Zuschlags hat an den Meistbietenden zu erfolgen" folgende Anmerkung zu setzen:

*) Ueber die Beschränkung juristischer Personen im Erwerbe von Grundstücken — vgl. Art. 86 EG BGB — bestimmt Art. 7 AG BGB Folgendes:

a) Juristische Personen, die in Preußen ihren Sitz haben (mit Ausnahme der Familienstiftungen und solcher juristischer Personen, deren Rechtsfähigkeit auf einem Reichsgesetze beruht oder welche als öffentlichen Rechts nach besonderer gesetzlicher Vorschrift zum Erwerbe von Grundeigenthum ohne Genehmigung befugt sind — die Stadt- und Landgemeinden —) bedürfen zum Erwerb von Grundstücken im Werth von mehr als 5000 Mark der Genehmigung der staatlichen Aufsichtsbehörde. Sparkassen, die durch staatliche Verleihung Rechtsfähigkeit erlangt haben, können ein von ihnen beliehenes Grundstück im Zwangserungsverfahren ohne die Genehmigung erwerben.

b) Juristische Personen, **die in einem anderen Bundesstaate ihren Sitz haben**, bedürfen zum Erwerbe von Grundstücken im Werthe von mehr als 5000 Mark der Genehmigung des Königs oder der durch königliche Verordnung bestimmten Behörde.

c) **Ausländische** juristische Personen bedürfen der Genehmigung des Königs oder der durch königliche Verordnung bestimmten Behörde zum Erwerbe des Eigenthums an einem Grundstück ohne Rücksicht auf den Werth.

29. — S. 358 Z. 3—6 v. o. zu ersetzen wie folgt: Die **öffentliche Bekanntmachung** erfolgt nach den für die öffentliche Bekanntmachung eines Versteigerungstermins geltenden Vorschriften — oben § 543 — (§ 12 EG ZVG, Art. 14 Abs. 1 AG ZVG).

30. — S. 357 Z. 15—19 v. o. zu ersetzen wie folgt: Die Aufgebotsfrist beträgt mindestens drei Monate (§ 12 EG ZVG, Art. 14 Abs. 2 AG ZVG).

31. — S. 363 Z. 5 v. u. hinter befriedigt zuzusetzen: Nur der Anspruch aus einem eingetragenen Rechte, wegen dessen der Berechtigte Befriedigung aus dem Grundstücke lediglich im Wege der Zwangsverwaltung suchen kann (Revenüenhypothek — § 757 —) ist in seinem ganzen Betrage zu befriedigen (Art. 13 AG ZVG).

32. — S. 371 Z. 19—30 v. o. zu ersetzen wie folgt: Die Zwangsversteigerung und Zwangsverwaltung im Bergwerkseigenthum findet unter entsprechender Anwendung der in dem ersten Abschnitt (§§ 1 bis 161) des ZVG für Grundstücke gegebenen Vorschriften — §§ 514 bis 604 — statt. Nach § 2 Abs. 1 EG ZVG können aber landesgesetzlich ergänzende oder abändernde Vorschriften getroffen werden. Diese sind für Preußen gegeben in den Art. 15—21 AG ZVG. Es sind folgende: (Die Nr. 1, 2, 3, 5 und 6 entsprechen den Art. 15—21, die Nr. 4, 7—16 sind zu streichen).

33. — S. 385 Z. 1—8 v. u. zu ersetzen wie folgt: Die Zwangsversteigerung von Bergwerkseigenthum außerhalb der Zwangsvollstreckung, die in den oben Einl. Nr. 4a — § 631 — angeführten Fällen zulässig ist, erfolgt unter entsprechender Anwendung der Vorschriften des ZVG über die Zwangsversteigerung im Wege der Zwangsvollstreckung (Art. 23 AG ZVG). Es gelten nur folgende besondere Vorschriften:

a) *α*. Der Antragsteller hat die sein Recht zur Stellung des Antrags begründenden Thatsachen, soweit sie nicht bei dem Gericht offenkundig sind, durch Urkunden glaubhaft zu machen. Der von einem nach § 159 Abs. 1 des Allg. Berggesetzes gestellte Antrag und, wenn der Berechtigte nicht im Grundbuch eingetragen ist, auch die sein

Recht glaubhaft machenden Urkunden sind mit dem Versteigerungsbeschluß dem Bergwerkseigenthümer zuzustellen (Art. 24 AG ZVG).

β. Auf Antrag des Bergwerkseigenthümers darf die Zwangsversteigerung nur angeordnet werden, wenn der Antragsteller als Eigenthümer im Grundbuch eingetragen oder wenn er Erbe des eingetragenen Eigenthümers ist (Art. 25 AG ZVG).

b) Der Versteigerungsbeschluß gilt nicht als Beschlagnahme, wenn die Zwangsversteigerung auf Antrag des Bergwerkseigenthümers oder die Zwangsversteigerung eines Bergwerksantheils auf Antrag der Gewerkschaft angeordnet ist, oder wenn der Bergwerkseigenthümer nach den §§ 161, 162 des Allg. Bergges. auf das Bergwerkseigenthum verzichtet hat. Die Zustellung des Beschlusses an den Antragsteller ist jedoch als Beschlagnahme anzusehen behufs der Bestimmung des Zeitpunktes für die Berechnung wiederkehrender Leistungen und der Feststellung des Umfanges des Gegenstandes der Versteigerung (Art. 26 AG ZVG).

c) Die Vorschriften über das geringste Gebot — § 547 — finden keine Anwendung; vielmehr ist das Meistgebot in seinem ganzen Betrage durch Zahlung zu berichtigen (Art. 27 AG ZVG).

34. — S. 386 Z. 3—6 zu ersetzen wie folgt: **Zwangsversteigerung verfallener oder zerstörter Gebäude** (Einl. 4b). Diese Zwangsversteigerung erfolgt nach den für die Zwangsversteigerung im Wege der Zwangsvollstreckung geltenden Vorschriften unter Berücksichtigung der in den §§ 41—57, 59, ALR I 8 enthaltenen Bestimmungen und nach folgenden besonderen Vorschriften (Art. 28 AG ZVG):

a) Antragsberechtigt ist die Ortspolizeibehörde. — Der Antrag soll das Grundstück, den Eigenthümer und die Thatsachen bezeichnen, welche das Recht zur Stellung des Antrags begründen; soweit die Thatsachen nicht bei dem Gericht offenkundig sind, sind sie glaubhaft zu machen (Art. 29 AG ZVG).

b) Der Anspruch auf Ersatz der im § 43 ALR I 8 bezeichneten einstweiligen Verwendungen der Polizeibehörde zur Abwendung dringender Gefahr gewährt ein Recht auf Befriedigung aus dem Grundstücke vor allen anderen Ansprüchen (Art. 30 AG ZVG).

c) Die Vorschriften über das geringste Gebot — § 547 — finden keine Anwendung; — die Uebernahme der Wiederherstellung des Gebäudes ist von Amtswegen als Versteigerungsbedingung zu bestimmen (Art. 31 AG ZVG).

d) Angebote nach den §§ 45—47 ALR I 8 sind nur zu berücksichtigen, wenn sie im Versteigerungstermine geltend gemacht werden (Art. 32 Abs. 1 AG ZVG).

e) Bleibt die Versteigerung ergebnißlos, so ist der Zuschlag nach Maßgabe der §§ 45—48 ALR I 8 zu ertheilen. Die Beschwerde gegen die Entscheidung über den Zuschlag kann auch auf die Verletzung einer dieser Vorschriften gestützt werden (Art. 32 Abs. 2 AG ZVG).

35. — S. 386 erhält der Anhang über die freiwillige Versteigerung folgende Fassung:

Freiwillige gerichtliche Versteigerung von Grundstücken und Bergwerkseigenthum.

1. **Zuständigkeit.** — Zur Vornahme freiwilliger Versteigerungen von Grundstücken, Bergwerkseigenthum, unbeweglichen Bergwerksantheilen sind die Amtsgerichte und Notare zuständig. Der Justizminister kann aber die Amtsgerichte anweisen, Versteigerungen nur unter bestimmten Voraussetzungen vorzunehmen. Die Amtsgerichte (Notare) sollen (Ordnungs-Vorschrift!) eine solche Versteigerung nur vornehmen, wenn das Grundstück in ihrem Amtsbezirke belegen ist. Liegt das Grundstück in verschiedenen Amtsbezirken, oder sollen mehrere Grundstücke, die in verschiedenen Amtsbezirken liegen, zusammen versteigert werden, so ist jedes Amtsgericht sowie jeder Notar, in dessen Amtsbezirk ein Theil des Grundstücks oder eines der Grundstücke liegt, zu der Versteigerung befugt. — Gehört das Grundstück zu einem Nachlaß oder zu einer ehelichen Gütergemeinschaft oder zu einer fortgesetzten Gütergemeinschaft, so darf die Versteigerung auch von dem Nachlaßgericht (vgl. §§ 86, 99 FGG — §§ 1034, 1056 —) vorgenommen werden. Hat das Gericht die Vermittelung der Auseinandersetzung einem Notar übertragen, so ist an Stelle des Gerichts der Notar zuständig (Artt. 31, 33 Pr FGG).

2. **Verfahren.***) Für dieses gelten folgende Regeln, über welche im Allgemeinen zu bemerken ist, daß sie durchgehends Ordnungs- (Soll-) Vorschriften sind, von deren Beachtung die Gültigkeit der Handlung nicht abhängig ist.

a) **Antrag und Voraussetzungen.** Der Antragsteller hat seine Befugniß zur Verfügung über das Grundstück dem Gerichte nachzuweisen. Dem Antrage soll ein das Grundstück betreffender neuester

*) Für Notare sind Vorschriften nicht getroffen, weil ihnen das Gesetz auch bisher in Bezug auf das Verfahren bei den Versteigerungen freie Hand ließ und ein Bedürfniß zu Vorschriften für notarielle Versteigerungen nicht hervorgetreten ist.

Auszug aus der Grundsteuermutterrolle und der Gebäudesteuerrolle und, wenn es sich um Bergwerkseigenthum handelt, eine oberbergamtlich, gerichtlich oder notariell beglaubigte Abschrift der Verleihungsurkunde beigefügt werden. Wenn das Grundbuch nicht bei dem Versteigerungsgericht geführt wird, soll auch eine beglaubigte Abschrift des Grundbuchblatts beigebracht werden (Artt. 66, 67, 76 Pr FGG).

b) **Versteigerungstermin.** — *α*. Die Bestimmung des Versteigerungstermins soll erst erfolgen, wenn die Voraussetzungen unter a) vorliegen. Was sodann aa) die **Zeit** der Versteigerung betrifft, so soll die Versteigerungsfrist d. i. der Zeitraum zwischen der Anberaumung bezw. Bekanntmachung des Termins und dem Termine, wenn nicht besondere Gründe vorliegen, nicht mehr als sechs Monate, mindestens aber regelmäßig sechs Wochen betragen (Art. 67 Pr FGG).

bb) Ueber den **Ort** der Versteigerung ist keine Bestimmung gegeben. Wenn die Betheiligten nichts anderes beantragen, geschieht die Versteigerung an der Gerichtsstelle; wird beantragt, die Versteigerung an einem anderen Orte vorzunehmen, so hat das Gericht nach seinem pflichtmäßigen Ermessen zu entscheiden, ob das Gesuch durch ausreichende Gründe unterstützt ist (zu vgl. § 36 Abs. 3 ZVG — § 540 —); wird dem Antrage stattgegeben, so kann, die Zustimmung der Betheiligten vorausgesetzt, in Bezirken, für die der Justizminister die Ermächtigung dazu ertheilt hat, mit der Vornahme und Beurkundung der Versteigerung ein **Gerichtsschreiber** beauftragt werden (Art. 38 Abs. 3 Pr FGG).

β. Den **Inhalt** der Terminsbestimmung sollen bilden (Artt. 68, 76 Pr FGG):

aa) die Bezeichnung des Grundstücks — bei der Versteigerung von Bergwerkseigenthum die Bezeichnung des Bergwerks nach seinem Namen und nach den verliehenen Mineralien, bei der Versteigerung von Bergwerksantheilen ferner die Angabe der Zahl der Kuxe, in die das Bergwerk getheilt ist;

bb) Zeit und Ort des Versteigerungstermins;

cc) die Angabe, daß die Versteigerung eine freiwillige ist;

dd) die Bezeichnung des eingetragenen Eigenthümers, sowie die Angabe des Grundbuchblatts und der Größe des Grundstücks.

ee) Wenn vor der Bekanntmachung der Terminsbestimmung Versteigerungsbedingungen festgestellt sind, so soll in der Terminsbestimmung auch der Ort angegeben werden, wo diese eingesehen werden können.

γ. **Bekanntmachung** und **Einsicht von Nachweisungen.**

aa) Die Terminsbestimmung ist durch einmalige Einrückung in

ein vom Gericht zu bestimmendes Blatt öffentlich **bekannt zu machen**. Bei geringwerthigen Grundstücken kann die Einrückung unterbleiben; es genügt die Anheftung der Terminsbestimmung an die für die amtlichen Bekanntmachungen der Gemeinde, in der das Grundstück liegt, bestimmten Stelle. Im Uebrigen finden wegen der Anheftung an die Gerichtstafel und wegen anderer und wiederholter Veröffentlichungen die für die Zwangsversteigerung geltenden Vorschriften (§§ 39, 40 ZVG — oben § 543 —) entsprechende Anwendung (Art. 69 Pr FGG).

bb) Die Terminsbestimmung ist dem **Antragsteller mitzutheilen** (Art. 70 Pr FGG).

cc) Die **Einsicht** der Abschrift des Grundbuchblatts, der Auszüge aus den Steuerbüchern und anderer das Grundstück betreffender Nachweisungen, die von einem Betheiligten eingereicht sind, insbesondere von Abschätzungen, ist **Jedem** gestattet (Art. 71 Pr FGG).

c) **Versteigerungsverhandlung.** Die Versteigerung findet in entsprechender Anwendung der Vorschriften in den §§ 66 ff ZVG — vgl. oben §§ 553 ff — statt.

α. Zunächst wird die Sache aufgerufen. Darauf werden die Versteigerungsbedingungen festgestellt, falls diese Feststellung nicht schon vorher erfolgt ist. Sodann werden die das Grundstück (Bergwerkseigenthum usw.) betreffenden Nachweisungen bekannt gemacht. Hiernach fordert das Gericht zur Abgabe von Geboten auf (Art. 72 Pr FGG).

β. Ob und in welcher Weise die Bieter Sicherheit zu leisten haben, ist von den Betheiligten in den Kaufbedingungen festzusetzen. Hat danach ein Bieter durch Hinterlegung von Geld oder Werthpapieren Sicherheit zu leisten, so gilt in dem Verhältnisse zwischen den Betheiligten die Uebergabe an das Gericht als Hinterlegung (Art. 73 Pr FGG). Den Betheiligten bleibt auch die Entscheidung darüber vorbehalten, ob ein Gebot zurückzuweisen ist.

γ. Ein Gebot erlischt, wenn ein Uebergebot abgegeben oder die Versteigerung ohne Ertheilung des Zuschlags geschlossen wird (§ 156 BGB). Dem die Versteigerung leitenden Richter ist die Betheiligung am Bieten verboten (§ 457 BGB — vgl. oben § 137 —).

δ. Zwischen der Aufforderung zur Abgabe von Geboten und dem Zeitpunkte, in welchem bezüglich sämmtlicher zu versteigernder Grundstücke die Versteigerung geschlossen wird, soll mindestens eine Stunde liegen. Die Versteigerung soll so lange fortgesetzt werden, bis der

Aufforderung des Gerichts ungeachtet ein Gebot nicht mehr abgegeben wird (Art. 74 Abs. 1 Pr FGG).

ε. Das letzte Gebot ist vom Gerichte mittelst dreimaligen Aufrufs zu verkünden. Ueber den Zuschlag ist der Antragsteller zu hören (Art. 74 Abs. 2 Pr FGG).

d) **Beurkundung.** Die Beurkundung der (richterlichen bezw. notariellen) Versteigerung und die Ausfertigung des Versteigerungsprotokolls findet nach den Vorschriften der §§ 167 ff FGG und der Artt. 40 ff Pr FGG statt — vgl. §§ 1073 ff —. Zu beachten ist aber, daß von den Bietern nur derjenige als Betheiligter gilt, welcher an sein Gebot gebunden ist (vgl. § 156 BGB — § 49 —), während die Uebrigen nicht als Betheiligte gelten. Daher hat nur dieser das Protokoll zu unterschreiben. Entfernt er sich vor dem Schlusse der Verhandlung, so genügt an Stelle seiner Unterschrift die Angabe des Grundes, aus welchem sie unterblieben ist (§ 181 FGG). Auf den Fall der Unterschriftsverweigerung ist diese Vorschrift nicht anwendbar; vielmehr ist in diesem Falle über die Verpflichtung des Bieters im Prozeßwege zu entscheiden. — Die Ertheilung des Zuschlags ersetzt nicht die Auflassung; vielmehr vertritt das Versteigerungsprotokoll nur den zum Grundstückserwerbe erforderlichen gerichtlichen oder notariellen Vertrag.

e) Die besonderen Vorschriften, die bei der Versteigerung der Grundstücke gewisser juristischer Personen zu beobachten sind (zu vgl. Städteordnungen vom 30. Mai 1853 [§ 51] und 19. März 1856 [§ 53], Landgemeindeordnung vom 3. Juli 1891 [§ 114] — Nothwendigkeit einer Taxe, Art der Bekanntmachung des Versteigerungstermins, Frist zwischen der Bekanntmachung und dem Verkaufstermine —), bleiben unberührt (Art. 75 Pr FGG).

36. — S. **442** Z. 5 v. o. hinter: „der Amtsgerichte" einzuschalten: Die Amtsgerichte sind die Grundbuchämter für die in ihrem Bezirke gelegenen Grundstücke. Liegt ein Grundstück in den Bezirken mehrerer Grundbuchämter oder sollen mehrere in den Bezirken verschiedener Grundbuchämter belegene Grundstücke zu einem Grundstücke vereinigt werden, so wird das zuständige Grundbuchamt (gemäß § 20 AG GBG — vgl. § 796 c) β —) durch das gemeinschaftliche obere Gericht (Landgericht, Oberlandesgericht) eventuell den Justizminister bestimmt. In gleicher Weise — vgl. a. a. O. — ist die Entscheidung zu treffen, wenn über die örtliche Zuständigkeit Streit oder Ungewißheit besteht. — Soll ein Grundstück einem in dem Bezirke eines anderen Grundbuchamts belegenen Grundstücke als Bestandtheil zugeschrieben werden

(zu vgl. § 5 GBO — unten § 688 *d* —), so ist für die Entscheidung über den Antrag auf Zuschreibung und, wenn dem Antrage stattgegeben wird, für die Führung des Grundbuchs über das zugeschriebene Grundstück das andere Grundbuchamt zuständig (Artt. 1—3 AG GBO).

37. — S. 442 Z. 13 v. o. hinter „Gesetzes vom 3. März 1879" zuzufügen: in der Fassung des Art. 130 Pr FGG. Das Grundbuchamt, d. h. der durch das Landesrecht bestimmte Beamte desselben, in Preußen der (Grundbuch-) Richter, hat die zu einer Eintragung erforderlichen Erklärungen auf Verlangen auch dann zu Protokoll zu nehmen, wenn die Abgabe der Erklärung vor dem Grundbuchamt nicht vorgeschrieben ist (§ 29 GBO — unten § 709 —, § 40 des I. Entw.). Ueber die Aufnahme und Behandlung des Protokolls vgl. unten § 714. Ueber die Zwangsbefugnisse des Gerichts ist § 816a zu vergleichen.

38. — S. 447 unter Z. 2 v. o. einzuschalten: Für die nach dem 1. Januar 1900 anzulegenden Grundbuchblätter ist ein neues einheitliches Formular vorgeschrieben durch die auf Grund des § 1 Abs. 2 GBO erlassene Justizministerialverfügung vom . . . . (JMBl S. . . .), die zugleich Vorschriften über die Führung des Grundbuchs giebt.

39. — S. 447 Z. 14—11 v. u. von „können bis buchungspflichtig sind" zu ersetzen wie folgt: bestimmt, noch weitergehend, Art. 27 AG BGB, daß es in solchen Fällen, wo sowohl der Veräußerer als der Erwerber bezüglich des Grundstücks nicht buchungspflichtig sind, auch der Form der Auflassung nicht bedarf. Es genügt zum Erwerbe des Eigenthums die gerichtlich oder notariell beurkundete Einigung des Veräußerers und Erwerbers über den Eintritt der Uebertragung. Diese Einigung muß aber unbedingt und unbefristet erfolgen. Zu beachten ist hierzu, daß die Beurkundung des Veräußerungsvertrages durch einen dafür nach Art. 12 § 2 AG BGB — § 1068 c) — zuständigen Beamten genügt, wenn einer der Betheiligten durch eine öffentliche Behörde vertreten wird.

40. — S. 449 Z. 15 v. u. zuzusetzen: In Preußen gelten folgende Bestimmungen:

a. Die Anlegung des Grundbuchblattes erfolgt von Amtswegen. Zuvörderst hat das Grundbuchamt die Katasterbehörde um die Ertheilung eines beglaubigten Auszugs aus dem Steuerbuch zu ersuchen. Demnächst sind über Besitz und Eigenthum Ermittelungen anzustellen. Zu dem Zwecke sind zu vernehmen:

aa) der im Steuerbuch eingetragene Besitzer oder dessen Erben;

bb) diejenigen, welche von den unter aa) Genannten als Eigenthümer bezeichnet werden oder für deren Eigenthum sich Anzeichen ergeben.

Die Vernehmung kann unterbleiben, wenn der Aufenthalt einer dieser Personen unbekannt oder außerhalb des Deutschen Reichs ist; haben sie aber einen dem Grundbuchamte bekannten Vertreter, so ist dieser zu vernehmen. Von der Vernehmung einzelner Miteigenthümer kann abgesehen werden, wenn das Grundbuchamt die von den Uebrigen abgegebenen Erklärungen für zutreffend und genügend hält; in diesem Falle ist den nicht Vernommenen mitzutheilen, welche Eintragungen auf Grund der Erklärungen der anderen in Aussicht genommen sind (§§ 12—14 AV GBO).

Das Grundbuchamt kann die Befolgung einer Ladung, sei es eines Betheiligten oder eines Zeugen — vgl. β bb) —, sowie die Erfüllung jeder dem Geladenen auferlegten Verpflichtung durch Geldstrafen bis zum Gesammtbetrage von 150 Mark erzwingen, auch die erforderlichen Nachweisungen — vgl. β bb) — auf Kosten der Säumigen beschaffen (§ 24 AV GBO).

β. aa) Wer das Eigenthum in Anspruch nimmt, hat auf Verlangen des Grundbuchamts seinen unmittelbaren Rechtsvorgänger zu nennen, den Rechtsgrund anzugeben, vermöge dessen er das Eigenthum erworben hat, und die sich darauf beziehenden Urkunden vorzulegen, sowie andere Beweise anzuzeigen (§ 15 AV GBO).

bb) Der Nachweis des Eigenthums kann in verschiedener Weise erbracht werden (§ 16 AV GBO). Als Eigenthümer ist anzusehen:

αα. wer das Grundstück vor dem 1. Januar 1900 in einer gerichtlichen Zwangsversteigerung erstanden hat;

ββ. wer durch Urkunden, Verfügungen oder Bescheinigungen öffentlicher Behörden oder durch Zeugen, welche das Grundbuchamt ladet — vgl. unter α — und eidlich oder eidesstattlich vernehmen kann, glaubhaft macht — § 813 —, daß er das Grundstück besitzt und schon vor dem 1. Januar 1900 entweder seit 44 Jahren oder auf Grund eines nach dem ALR Th. I Tit. 9 § 579 zur Erlangung des Eigenthums geschickten, wenngleich dem Inhalt oder der Form nach ungültigen Titels, seit zehn Jahren besessen hat;

γγ. wer nachweist, daß er vor dem 1. Januar 1900 den Besitz des Grundstücks auf Grund eines zum Erwerbe des Eigenthums nach den Vorschriften des Allg. Landrechts an sich geeigneten, dem Inhalt und der Form nach gültigen Titels erlangt hat und entweder darthut, daß schon sein unmittelbarer Vorbesitzer einen zum Erwerbe des Eigenthums nach den damals geltenden Gesetzen an sich geschickten Titels für sich hatte, oder durch Urkunden, Zeugen — vgl. ββ — oder Bescheinigungen öffentlicher Behörden glaubhaft macht, daß er und sein Vorbesitzer das Grundstück vor dem 1. Januar 1900 schon im Ganzen zehn Jahre lang besessen haben;

δδ. wer nach Maßgabe der über das Aufgebotsverfahren für diesen Fall gegebenen Vorschriften (§§ 17—22 AB GBO — oben Nr. 18 der Nachträge —) ein Ausschlußurtheil erwirkt hat.

γ. aa) Ist der Nachweis des Eigenthums — β — geführt, so erfolgt die Anlegung des Grundbuchblatts. Wenn der Nachweis durch ein im Aufgebotsverfahren erwirktes Ausschlußurtheil geführt wird, in welchem den vom Antragsteller angezeigten Personen Rechte vorbehalten sind, so ist ein Widerspruch zu Gunsten dieser Personen in das Grundbuch einzutragen, sofern nicht darauf verzichtet wird. — Eine Bekanntmachung der Anlegung findet nicht statt (§ 23 AB GBO).

bb) Rechte an dem Grundstücke werden bei der Anlegung des Grundbuchblatts nur berücksichtigt, wenn sie bei dem Grundbuchamt angemeldet sind und entweder sich auf öffentliche vom Eigenthümer ausgestellte Urkunden gründen oder von dem Eigenthümer anerkannt werden. Der Eigenthümer ist über die Anerkennung zu vernehmen. Bestreitet er den angemeldeten Anspruch, so ist der Anmeldende zum Rechtsweg zu verweisen. In diesem Falle ist die Eintragung eines Widerspruchs zulässig, jedoch nur auf Grund einer einstweiligen Verfügung, die der Anmeldende beim Prozeßgericht zu erwirken hat. Die Rangordnung der Rechte regelt sich nach den zur Zeit ihrer Entstehung geltenden Gesetzen oder, wenn sie sich hiernach nicht bestimmen läßt, nach der Zeitfolge der Anmeldung (§§ 24, 25 AB GBO).

δ. Die für das Bergrecht geltenden besonderen Bestimmungen bleiben bestehen.

Zur Ausführung der vorstehenden Vorschriften dienen die auf Grund des § 31 AB GBO vom Justizminister erlassenen Bestimmungen der Allg. Verfügung vom . . . .

41. — S. 451 Z. 5. v. u. hinter „zu beglaubigen ist" einzuschalten: Zur Beglaubigung ist erforderlich, daß die Abschrift von dem Richter und dem Gerichtsschreiber unterschrieben wird (Art. 7 Abs. 2 AG GBO).

42. — S. 459 unter Z. 7 v. u. einzuschalten:

ζ. Wer ein Darlehn zur Ausführung von Drainirungsanlagen von einer Landeskultur-Rentenbank aufnehmen will, hat eine Vormerkung zur Sicherung des Anspruchs auf Einräumung der Rente und demnächst das Vorzugsrecht für die Rente in das Grundbuch eintragen zu lassen (§§ 14, 24 des Gesetzes v. 13. Mai 1879 — Fassung des Art. 21 AG BGB).

43. — S. 460 Z. 2 v. u. hinter Antrag einzuschalten: für dessen Entgegennahme nur die mit der Führung des Grundbuchs über das betreffende Grundstück beauftragten Beamten, und zwar sowohl der Richter als auch der Gerichtsschreiber zuständig sind, —

44. — S. 461 Z. 3 v. o. hinter erforderlich zuzufügen: Bezieht sich der Antrag oder das Ersuchen auf mehrere Grundstücke, in Ansehung deren die Führung des Grundbuchs verschiedenen Grundbuchbeamten obliegt, so ist jeder dieser Beamten zuständig (Art. 4 Abs. 2 AG GBO). Der betreffende Beamte hat dafür zu sorgen, daß der Antrag unverzüglich zur Kenntniß der für die übrigen Grundstücke zuständigen Beamten gelangt.

45. — S. 461 unter Z. 5 v. o. einzuschalten: Das **Protokoll** über solche Erklärungen, die nach Vorschrift der GBO — vgl. § 714 — zu Protokoll gegeben (oder durch öffentliche oder öffentlich beglaubigte Urkunden nachgewiesen) werden müssen, ist vom **Richter** aufzunehmen (Art. 5 AG GBO), der aber befugt ist, dabei die Hülfe des Gerichtsschreibers oder eines anderen Protokollführers in Anspruch zu nehmen. Soweit in dem Protokoll ein Rechtsgeschäft beurkundet wird, finden darauf die Vorschriften des FGG und des Pr FGG über die gerichtliche Beurkundung von Rechtsgeschäften — §§ 1068 ff — Anwendung. Auch diese bei dem Grundbuchamt selbst usw.

46. — S. 465 ist unter Z. 15 v. o. einzuschalten:

f) Ueber die **für juristische Personen** zum Erwerbe von Grundstücken erforderliche **Genehmigung** ist die zu S. 337 gegebene Anmerkung — Nr. 28 der Nachträge — zu vergleichen.

47. — S. 466 Z. 10 v. u. erhält folgende Fassung: Grundbuchamt, d. h. der **Grundbuchrichter** — vgl. § 684 — die Eintragung durch eine den Wortlaut der Eintragung angebende **Verfügung**, deren **Ausführung dem Gerichtsschreiber** (Buchführer) obliegt, **anzuordnen** (Art. 6 AG GBO) ohne in eine Prüfung usw.

48. — S. 469 unter der letzten Zeile zuzusetzen:

In Kraft bleibt die Vorschrift in § 93 des Gesetzes betr. die Ablösung der Reallasten usw. vom 2. März 1850 (GS S. 77), wonach im Falle der Theilung eines mit einer Reallast belasteten Grundstücks die Reallast auf die einzelnen Theile des Grundstücks vertheilt wird. Die Vertheilung ist bei der Auseinandersetzungsbehörde (Generalkommission) zu beantragen (Art. 31 AG BGB).

49. — S. 470 hinter Z. 18 v. o. zuzusetzen:

Es bestimmt hierzu Art. 19 AG BGB: Die bestehenden Vorschriften über die Ertheilung von Unschädlichkeitszeugnissen zum Zwecke der Befreiung eines Grundstücks von dessen Belastungen bleiben mit folgenden Maßgaben in Kraft:

1. Bei der Entscheidung, ob der Grundstückstheil im Verhältniß zum Hauptgrundstück von geringem Werthe und Umfang ist, wird, wenn die Belastungen, von denen der Theil befreit werden soll, noch auf anderen Grundstücken desselben Eigenthümers haftet, die Gesammtheit der belasteten Grundstücke als Hauptgrundstück behandelt.

2. Das Unschädlichkeitszeugniß kann auf einzelne Belastungen beschränkt werden.

Besondere Vorschriften über die Ertheilung von Unschädlichkeitszeugnissen im Falle der Veräußerung von Theilen von Grundstücken, die im Lehns-, Fideikommiß-, Erbstammguts-, Stammguts- oder Leiheverbande stehen (zu vergl. Art. 59 EG BGB), enthält Art. 20 AG GBO.

50. — S. 475 Z. 1 bis 18 v. u. und 19 halb zu streichen. An die Stelle tritt Folgendes: Für die neu anzulegenden Grundbuchblätter ist das neue, vom Justizminister vorgeschriebene Formular anzuwenden.

51. — S. 477 unter der letzten Zeile zuzusetzen:

d) Besondere Vorschriften gelten für **Lehns- und Familienfideikommißgüter** (für Meier-, Erbzins-, Erbleihegüter sowie sonstige Güter, an denen ein Obereigenthum besteht, und Erbpachtgüter).

α. Diese Güter, desgleichen die zum Verbande eines solchen Gutes oder zu einem Familienfideikommisse gehörenden Hypotheken, Grund- und Rentenschulden, sind auf den Namen des jeweilig zu Besitz und Nutzung Berechtigten einzutragen, während die Eigenschaft des Gutes bezw. der Hypothek usw. als Verfügungsbeschränkung einzutragen ist (Art. 15 AG GBO).

β. Für **Familienfideikommisse insbesondere** ist bestimmt: aa) daß die Eintragung nur auf Ersuchen der Fideikommißbehörde, d. i. im größten Theile Preußens das Oberlandesgericht, die Eintragung des Fideikommißfolgers nur auf Grund einer nach den für den Erbschein — §§ 1016 f — geltenden Vorschriften zu ertheilenden Bescheinigung dieser Behörde über seine Berechtigung, — die Löschung der Fideikommißeigenschaft nur auf Grund einer Bescheinigung der Fideikommißbehörde über das Erlöschen oder auf Grund eines von dieser Behörde bestätigten Familienschlusses über die Aufhebung der Eigenschaft erfolgt (Artt. 16, 17 AG GBO). Die Befugniß der Auseinandersetzungsbehörde, bezüglich einer im Verwendungsverfahren einem Fideikommisse zugewiesenen Grundstücks das Grundbuchamt um die Eintragung der Fideikommißeigenschaft zu ersuchen, bleibt unberührt.

bb) Wo eine Fideikommißbehörde fehlt, wie im Gebiete des Rheinischen Rechts, in Hannover, Frankfurt a. M., im Gebiete des früheren Justizsenats Ehrenbreitstein, tritt das Amtsgericht, bei welchem das Grundbuch über den Gegenstand des Fideikommisses geführt wird, unter mehreren das nach § 20 AG GVG — vgl. § 796 — örtlich zuständige, als solche ein. Die Eintragung sowie die Löschung der Fideikommißeigenschaft erfolgt auf Grund des Nachweises ihrer Entstehung oder Endigung, die Eintragung des Fideikommißfolgers auf Grund der nach den für den Erbschein geltenden Vorschriften zu ertheilenden Bescheinigung dieses Gerichts über die Berechtigung des Fideikommißfolgers (Art. 17 AG GBO).

γ. Auf die Eintragung eines Lehnfolgers und die Löschung der Lehnseigenschaft finden die Vorschriften β aa), auf die Eintragung sowie die Löschung der Stammgutseigenschaft und die Eintragung des Stammgutsnachfolgers die Vorschriften β bb) Anwendung (Art. 19 AG GBO).

52. — S. 479 unter Z. 17 v. o. einzufügen: m) Erwerb im Grundbuch-Anlegungsverfahren (§§ 12 ff AV GBO — § 692 —).

53. — S. 479 unter Z. 4 v. u. einzuschalten:

Andererseits aber müssen grundsätzlich **alle** dingliche Belastungen eines Grundstücks in das Grundbuch eingetragen werden; nur folgende **Ausnahmen** sind gegeben:

a) Von der Eintragung in das Grundbuch **ausgeschlossen** sind die **öffentlichen Lasten** des Grundstücks, die bei der Zwangsversteigerung und Zwangsverwaltung den Rechten an dem Grundstück im Range vorgehen (Art. 11 AG GBO, Artt. 1, 2 AG ZVG — § 522 *a* —).

b) Zur Erhaltung der Wirksamkeit gegenüber dem öffentlichen Glauben des Grundbuchs **bedürfen** der Eintragung **nicht**:

α. das in den Fällen der Enteignung und der Grundabtretung zu Zwecken des Bergbaubetriebs bestehende gesetzliche Vorkaufsrecht (§ 57 des Enteignungsgesetzes vom 11. Juni 1874, § 141 des Allg. Berggesetzes vom 24. Juni 1865),

β. die Gebrauchs- und Nutzungsrechte, welche nach §§ 8, 142 des Allg. Berggesetzes im Wege des Zwangsverfahrens erworben werden können — und

γ. die den Rentenbanken überwiesenen Renten und die Domänen-

Amortisationsrenten gemäß §§ 18 Abs. 1, 64 des Gesetzes vom 2. März 1850 (Art. 22 AG BGB). Zu vgl. hierzu Art. 12 AG GBO — § 746. —

Zu der Ausnahme unter a) ist aber zu bemerken, daß die Vorschriften §§ 17 Abs. 4, 39 des Gesetzes betr. Schutzwaldungen und Waldgenossenschaften vom 6. Juli 1875 (GS S. 416) aufrecht erhalten sind: die Beitragspflicht zur Entschädigung und zu den Kosten der Schutzanlagen, sowie zu den Lasten einer Waldgenossenschaft ist auf Antrag des Vorsitzenden des Waldschutzgerichts in das Grundbuch einzutragen, obwohl sie zu den öffentlichen gemeinen Lasten gehört (Art. 11 Abs. 2 AG GBO).

54. — S. 482 als Anm. zu Vorkaufsrecht:

*) Eine besondere Regelung (auf Grund des § 62 EG BGB) hat das Wiederkaufsrecht bei Rentengütern erfahren, d. i. die Belastung eines Rentenguts oder eines Bruchtheils eines Rentenguts, welcher Antheil eines Miteigenthümers ist, mit dem Rechte des Veräußerers oder des jeweiligen Eigenthümers eines Grundstücks des Veräußerers, kraft dessen der Berechtigte dem Eigenthümer gegenüber zum Wiederkauf befugt ist. Das BGB kennt kein dinglich wirkendes Wiederkaufsrecht. Zur Sicherung der Selbständigkeit der Rentengüter und zu ihrer Erhaltung in gutem Kulturzustande ist aber das Wiederkaufsrecht nothwendig. In thunlichster Nachbildung der Vorschriften des BGB über das Vorkaufsrecht giebt daher Art. 29 AG BGB Vorschriften über das Wiederkaufsrecht, auf welche hier verwiesen wird.

55. — S. 484 unter Z. 8 v. o. einzuschalten:

2. Besondere hierher gehörige Vorschriften sind sodann gegeben in Artt. 12, 13 AG GBO. Die Rentenbankrenten und die Domänenamortisationsrenten werden nach den Vorschriften des Gesetzes vom 2. März 1850 eingetragen: Die Reallasten, an deren Stelle die Renten getreten sind, werden im Grundbuche kostenfrei gelöscht, dagegen wird kostenfrei vermerkt, daß das Grundstück der Rentenbank rentenpflichtig ist, bezw. daß es nach näherem Ausweis des in Bezug zu nehmenden Regulirungsrezesses wegen durch Amortisation abzulösender Renten dem Domänenfiskus verhaftet bleibe (§§ 18, 64 des Ges., Instruktion des Fin.-Min. v. 1. August 1850). Wie aber schon an anderer Stelle — Nr. 53 der Nachträge — bemerkt ist, bedürfen diese Renten zu ihrer Wirksamkeit gegenüber dem öffentlichen Glauben des Grundbuchs nicht der Eintragung; auch die eben angeführte Vorschrift des Gesetzes vom 2. März 1850 stellt nicht ein Erforderniß der Wirksamkeit, sondern nur eine Anweisung für den Grundbuchrichter auf. Uebrigens ist der Inhalt der von den Auseinandersetzungs-

behörden bestätigten Rezesse nur in folgenden Fällen in das Grundbuch einzutragen:

a) wenn ein im Grundbuch vermerktes Sach- oder Rechtsverhältniß aufgehoben oder verändert wird;

b) wenn für ein mit dem Eigenthum an dem Grundstücke verbundenes Recht eine Entschädigung durch ein baar oder in Rentenbriefen zu zahlendes Kapital von mehr als 60 Mark gewährt wird;

c) wenn das Grundstück mit einem Rechte, das zu seiner Begründung der Eintragung in das Grundbuch bedarf, neu belastet wird. — Wenn über diese Vorschriften hinausgehende Eintragungen erfolgt sind, so kann die Auseinandersetzungsbehörde, und auf Antrag des Eigenthümers muß sie das Grundbuchamt um die Löschung ersuchen, welche kostenfrei zu bewirken ist.

Die besonderen Vorschriften des § 6 Nr. 6 des Gesetzes betr. die Beförderung der Errichtung von Rentengütern v. 7. Juli 1891 (GS S. 279) und des § 23 Abs. 3 Nr. 3 des Anerbenrechts bei Renten- und Ansiedlungsgütern v. 8. Juni 1896 (GS S. 124), wonach bei diesen Gütern auf Ersuchen der Generalkommission im Grundbuch zu vermerken ist, daß das Gut der Rentenbank rentenpflichtig ist, bleiben bestehen.

56. — S. 502 Z. 11 v. u. hinter Unterschrift einzuschalten: „des Richters und Gerichtsschreibers" — und hinter § 56 RGBO: Art. 7 AGGBO. — Die folgenden drei Zeilen zu streichen.

57. — S. 510 Z. 1—3 v. u. und S. 511 Z. 1—4 zu ersetzen wie folgt: Zur Ausführung dieses Vorbehalts dienen Art. 37 AG BGB und Art. 22 AG GBO. Danach finden auf Bergwerke d. h. hier Bergwerke mit unbeweglichen Antheilen der Gewerken (Kuxen alten Rechts), die sich auf Grundstücke beziehenden Vorschriften der GBO und des AG GBO entsprechende Anwendung nebst folgenden besonderen Vorschriften (Art. 23—26 AG GBO):

a) Die Eintragungen erfolgen auf **Ersuchen des Oberbergamts** — vgl. § 718. — Dieses hat das Grundbuchamt zu ersuchen:

α. wenn das Bergwerkseigenthum durch die von dem Oberbergamt ertheilte Verleihung **begründet**, oder durch bestätigte Konsolidation, Theilung von Grubenfeldern oder Vertauschung von Feldestheilen **erworben** ist, um Bewirkung der zur grundbuchlichen Feststellung des Erwerbes erforderlichen Eintragungen. Dem Ersuchen ist eine beglaubigte Abschrift der Verleihungsurkunde oder eine Ausfertigung des bestätigten Konsolidations-, Theilungs- oder Austauschakts beizufügen;

β. wenn die Verleihungsurkunde **geändert** wird, um die Eintragung der Aenderung unter Mittheilung der Urkunde über die Aenderung;

γ. wenn das Bergwerkseigenthum oder die Verleihungsurkunde **aufgehoben** wird, um die Schließung des über das Bergwerk geführten Grundbuchblatts unter Mittheilung einer Ausfertigung des Aufhebungsbeschlusses. Bei der **Schließung** sind die eingetragenen Belastungen von Amtswegen zu löschen; Grundstücke, die dem Bergwerk als Bestandtheil zugeschrieben sind, werden mit den darauf haftenden Belastungen in das über die Grundstücke ihres Bezirks geführte Grundbuch eingetragen.

Zur rechtsgeschäftlichen Uebertragung des Bergwerkseigenthums bedarf es der Auflassung bezw. Zustimmung des Eigenthümers gemäß §§ 20, 22 Abs. 2 GBO — §§ 732, 729, 735 — (Art. 28 AG GBO).

b) Soweit in den Fällen der Begründung, Erwerbung, Aenderung oder Aufhebung des Bergwerkseigenthums, sowie in denen der Konsolidation, der Feldestheilung und des Feldesaustausches Hypotheken, Grundschulden oder Rentenschulden von den Eintragungen betroffen werden, ist zur Eintragung die Vorlegung der über das Recht ertheilten Briefe oder bei Hypotheken für die Forderung aus einer Schuldverschreibung auf den Inhaber, aus einem Wechsel oder einem anderen durch Indossament übertragbaren Papiere die Vorlegung der Urkunde (abweichend von §§ 42—44 GBO — § 763 —) **nicht** erforderlich. Dagegen sind die Besitzer der Hypotheken-, Grundschuld- oder Rentenschuldbriefe zur Vorlegung der Briefe von Amtswegen anzuhalten; auf den vorgelegten Briefen werden die etwa vorgenommenen Aenderungen nachträglich vermerkt, und im Falle der Löschung der Rechte werden die Briefe unbrauchbar gemacht (zu vgl. §§ 62, 69 GBO — §§ 774, 779 —).

58. — S. **511** unter Z. 17 v. o. einzuschalten:

II. Für **selbständige Gerechtigkeiten**, d. h. solche Gerechtigkeiten, welche nach den bisherigen Gesetzen in Ansehung der Eintragung in die gerichtlichen Bücher und der Verpfändung den Grundstücken gleichstehen, wird ein Grundbuchblatt nur auf Antrag des Berechtigten angelegt. Hat die Gerechtigkeit ein Grundbuchblatt erhalten, so gelten für sie die sich auf Grundstücke beziehenden Vorschriften des BGB, der GBO und des AG GBO. Die für den Erwerb des Eigenthums und die Ansprüche aus dem Eigenthum geltenden Vorschriften finden entsprechende Anwendung; zur rechtsgeschäftlichen Uebertragung bedarf es der Auflassung bezw. Zustimmung des Eigenthümers gemäß §§ 20, 22 Abs. 2 GBO — §§ 732, 729, 735 — (Art. 40 AG BGB, Artt. 27, 28 AG GBO).

59. — S. 520 Z. 5 — 10 v. o. zu streichen und unter Z. 15 zuzusetzen:

In den durch Landesgesetz den ordentlichen Gerichten zugewiesenen Angelegenheiten aber (abgesehen von den Rheinschiffahrts- und Elbzollsachen) erfolgt die Bestimmung des örtlich zuständigen Gerichts in solchen Fällen durch das gemeinschaftliche obere bezw. das zunächst höhere Gericht, in Ermangelung eines solchen durch den Justizminister. Die Entscheidung ist nicht anfechtbar (§ 20 AGGVG in der Fassung des Art. 130 Pr FGG).

60. — S. 520 Z. 22 v. o. zuzusetzen: Hinsichtlich der Beurkundung spricht Art. 39 Pr FGG. ausdrücklich aus, daß sie nicht deshalb ungültig ist, weil der beurkundende Beamte sie außerhalb der Grenzen seines Bezirks vorgenommen hat. Gänzlich unberührt bleibt die Gültigkeit der Handlung eines Amtsrichters dadurch, daß sie nach der Geschäftsvertheilung von einem anderen Richter des Amtsgerichts vorzunehmen war (§ 23 AGGVG).

61. — S. 520 unter Z. 7 v. u. einzufügen:

Es ist aber der Richter bei Verhandlungen betreffend Angelegenheiten der freiwilligen Gerichtsbarkeit auch in Fällen, in denen das Gesetz die Zuziehung eines Gerichtsschreibers nicht vorschreibt, befugt, einen Gerichtsschreiber zuzuziehen, soweit dies zur ordnungsmäßigen oder angemessenen Erledigung der Geschäfte erforderlich ist (Art. 2. Abs. 2 Pr FGG). Uebrigens bedarf es nicht in allen Angelegenheiten der freiwilligen Gerichtsbarkeit der protokollarischen Feststellung des Inhalts einer Verhandlung. Wo es sich lediglich darum handelt, innerhalb eines gerichtlichen Verfahrens das Ergebniß einer Verhandlung aktenkundig zu machen, ist die Form der Beurkundung und die Aufnahme eines Protokolls nicht erforderlich; es genügt ein kurzer Aktenvermerk. Dies gilt insbesondere für Vormundschafts- und Nachlaßsachen.

Mehrere Richter desselben Amtsgerichts vertreten sich wechselseitig in der durch das Präsidium des Landgerichts im Voraus bestimmten Reihenfolge. Die Vertretung der Amtsrichter durch Richter benachbarter Amtsgerichte kann von der Justizverwaltung im Voraus angeordnet werden. Eine solche Anordnung muß erfolgen bei Amtsgerichten, welche nur mit einem Richter besetzt sind. Diese Vertretung erstreckt sich nicht auf den Fall der rechtlichen Verhinderung nach § 36 CPO und § 15 StPO — vgl. § 345 —. Angelegenheiten, auf welche diese Bestimmungen keine Anwendung finden, können, wenn die Vertretung nicht durch Richter desselben Amtsgerichts geschehen kann, von dem Landgericht (nicht mehr, wie früher, dem Oberlandesgericht) einem anderen Amtsgerichte zugewiesen werden (§ 24 AG GVG in der Fassung des Art. 130 Pr FGG — zu vgl. Allg. Verf. v. 10. Septbr. 1879 — JMBl. S. 340).

62. — S. 521 Z. 14 v. u. zuzusetzen: Wenn aber ein Gerichtsschreiber in Fällen, wo seine Zuziehung nicht erforderlich ist, mitwirkt, so finden auf ihn die vorstehenden, die Ausschließung und Ablehnung des Richters betreffenden Vorschriften Anwendung (Art. 2 Pr FGG).

63. — S. 522 Z. 16 v. u. hinter „außerhalb der Sitzung zu" einzuschalten: Ueber die Ordnungsstrafe zum Zweck der Erzwingung der Erfüllung einer durch eine gerichtliche Verfügung getroffenen Anordnung (§ 33 FGG, Artt. 15 ff. Pr FGG) ist Nr. 65 der Nachträge zu vergleichen.

— S. 522 Z. 1—3 v. u. und S. 523 Z. 1—20 v. o. sind zu streichen. —

64. — S. 525 Z. 18—38 zu streichen und zu ersetzen wie folgt: Allgemeines Erforderniß ist, daß das Protokoll den Betheiligten vorgelesen, auf Verlangen auch zur Durchsicht vorgelegt, und nach Genehmigung von ihnen unterschrieben wird. Des Weiteren werden in Art. 64 Pr FGG folgende Vorschriften gegeben: Die Protokolle sollen deutlich und ohne Abkürzungen geschrieben, es soll in ihnen nichts radirt oder unleserlich gemacht werden. Durchstreichungen sind so vorzunehmen, daß das Durchstrichene lesbar bleibt. Daß der Text auch keine Lücken aufweisen soll, ist nicht vorgeschrieben; es können also Absätze gemacht werden. Zusätze und Aenderungen, letztere sofern sie nicht geringfügiger Art sind, sollen am Schlusse oder am Rande beigefügt und im letzteren Falle von den mitwirkenden Personen d. h. von dem Richter und gegebenenfalls dem Gerichtsschreiber und Zeugen, nicht aber von den Betheiligten, besonders unterzeichnet werden. Eine Vorschrift, daß Summen und Zahlen mit Buchstaben geschrieben werden sollen, ist nicht gegeben. In der Regel sind solche in Ziffern auszudrücken; es bleibt der Sorgfalt und Umsicht des Richters überlassen, inwieweit Buchstaben dafür anzuwenden sind. — In welchen Fällen es eines förmlichen Protokolls nicht bedarf, ist bereits erörtert — vgl. Nr. 61 der Nachträge —.

65. — S. 529 unter Z. 13 v. o. einzufügen:

VIII a. **Vollstreckung der gerichtlichen Anordnungen** (Ordnungsstrafe, Zwangsgewalt und Offenbarungseid).

1. a) Das Gericht kann, außer in den gesetzlich besonders zugelassenen Fällen (zu vgl. §§ 1788, 1837, 1875 BGB — §§ 840, 858, 866 — § 83 FGG — § 1089 —, sowie Ordnungsstrafverfahren in Registerangelegenheiten — §§ 1215 ff —), allgemein denjenigen, dem es durch eine Verfügung die Verpflichtung auferlegt, eine Handlung vorzunehmen, die ausschließlich von seinem Willen abhängt, oder eine Handlung zu unterlassen, oder die Vornahme einer Handlung zu dulden, durch **Ordnungsstrafen** zur Befolgung seiner Anordnungen anhalten (§ 33 FGG, Art. 15 Pr FGG). Ausgeschlossen ist die Verhängung einer Ordnungsstrafe, wo ein Verfahren nur auf Antrag eingeleitet und betrieben wird; hier zieht die Nichtbeachtung der Anordnungen die gesetzlichen oder angedrohten Folgen nach sich oder enthält die stillschweigende Erklärung, nicht handeln zu wollen (zu vgl. § 13 GBO, §§ 89, 91 FGG).

b) In allen Fällen muß der Festsetzung der Ordnungsstrafe eine **Androhung** derselben vorausgehen, und es darf die einzelne Strafe den Betrag von 300 Mark nicht übersteigen (§ 33 FGG, Art. 1 Pr FGG).

c) Bei der Festsetzung der Ordnungsstrafe ist der Betheiligte zugleich in die **Kosten** des Verfahrens zu verurtheilen (Art. 16 Abs. 1 Pr FGG).

d) Die zwangsweise Einziehung einer Ordnungsstrafe erfolgt im Wege des Verwaltungszwangsverfahrens (Art. 16 Abs. 2 Pr FGG).

e) Die Geldstrafe kann nicht in Haft umgewandelt und nicht in den Nachlaß des Verurtheilten vollstreckt werden (Art. 16 Abs. 3 Pr FGG).

f) Daß eine Ordnungsstrafe bei nachträglicher genügender Entschuldigung wieder **aufgehoben** werden kann, ist selbstverständlich.

2. a) Zur Durchführung einer Anordnung kann auch **Gewalt** gebraucht werden, wenn eine Sache oder eine Person herausgegeben oder eine Sache vorgelegt werden soll, oder wenn sich ergiebt, daß ohne Gewalt die Anordnung nicht durchzuführen ist. Es bedarf dazu aber einer besonderen Verfügung des Gerichts und es hat in der Regel der Verfügung eine Androhung vorauszugehen. Der mit der Ausführung beauftragte Vollstreckungsbeamte (Gerichtsvollzieher) ist befugt, erforderlichenfalls die Unterstützung der polizeilichen Vollzugsorgane nachzusuchen. Geht die Vollstreckung gegen eine dem aktiven Heere oder der aktiven Marine angehörende Person des Soldatenstandes, so ist vor dem Beginn der vorgesetzten Militärbehörde Anzeige zu erstatten; soll die Vollstreckung in Kasernen oder anderen

militärischen Dienstgebäuden oder auf Kriegsfahrzeugen erfolgen, so ist die zuständige Militärbehörde von dem Gerichte um die Vollstreckung zu ersuchen (Art. 17 Abs. 1 Pr FGG).

b) Wird eine herauszugebende Person oder eine herauszugebende oder vorzulegende Sache nicht vorgefunden, so kann der Verpflichtete nach Maßgabe der Vorschriften der CPO in entsprechender Anwendung (zu vgl. §§ 883 Abs. 2, 3, 900 Abs. 1, 901, 902, 904—910, 912, 913 das. — §§ 460 b), 461 —) zur Leistung des **Offenbarungseides** angehalten werden (Art. 17 Abs. 2 Pr FGG).

66. — S. 529 letzte Zeile zuzufügen: soweit sie nicht durch besondere gesetzliche Vorschrift ausgeschlossen ist.

67. — S. 530 Z. 14 v. o. zuzufügen: In den durch Landesgesetz den Gerichten übertragenen Angelegenheiten entscheidet über die Beschwerde gegen Verfügungen, die das Landgericht in erster Instanz erlassen hat, das Oberlandesgericht, über die Beschwerde gegen Verfügungen, die das Oberlandesgericht in erster Instanz erlassen hat (in Fideikommiß- und standesherrlichen Angelegenheiten), der Justizminister (Art. 6 Abs. 2 Pr FGG).

68. — S. 532 Z. 10, 11 v. o. zu streichen und zu ersetzen: In Ausführung dieses Vorbehalts ist für Preußen bestimmt (Art. 7, 8 Pr FGG): Für die Entscheidung über das Rechtsmittel der weiteren Beschwerde ist das **Kammergericht** zuständig. Hängt die Entscheidung nach der Auffassung des Kammergerichts von der Auslegung eines in seinem Bezirke nicht geltenden Gesetzes ab, so kann es die weitere Beschwerde demjenigen Oberlandesgerichte zur Entscheidung überweisen, zu dessen Bezirk das Landgericht gehört, welches die angefochtene Entscheidung erlassen hat. Der Ueberweisungsbeschluß ist dem Beschwerdeführer bekannt zu machen.

69. — S. 533 unter Z. 5 v. o. einzuschalten:

X a. Ueber die **Kosten** gelten folgende Regeln:

1. a) Ueber die Verpflichtung zur Tragung der Kosten in Angelegenheiten der freiwilligen Gerichtsbarkeit ist der allgemeine Grundsatz in § 1 des Preußischen Gerichtskostengesetzes dahin ausgesprochen, daß für diese Kosten dem Staate gegenüber derjenige haftet, durch dessen Antrag die Thätigkeit des Gerichts veranlaßt ist, und bei Geschäften, die von Amtswegen betrieben werden, derjenige, dessen Interesse dabei wahrgenommen wird. Ob der hiernach Zahlungspflichtige von einem anderen Betheiligten Ersatz der Gerichtskosten verlangen

und ob er daneben etwa auch Ersatz der ihm sonst in der fraglichen Angelegenheit erwachsenen Kosten fordern kann, ist nach dem zu Grunde liegenden Rechtsverhältniß und den Vorschriften des bürgerlichen Rechts zu beurtheilen. Nur in einzelnen Beziehungen gelten selbständige Vorschriften. Sind nämlich an einer Angelegenheit mehrere Personen betheiligt, so kann das Gericht bei der von ihm zu treffenden Entscheidung auf Antrag einen Betheiligten verurtheilen, diejenigen Kosten des Verfahrens ganz oder theilweise zu tragen, welche er durch ein unbegründetes Gesuch, einen unbegründeten Widerspruch oder eine unbegründete Beschwerde, durch vorzeitiges Anrufen des Gerichts, durch eine Versäumung oder durch grobes Verschulden veranlaßt hat. Die Gebühren und Auslagen, welche durch die Zuziehung eines Rechtsanwalts entstanden sind, sind nur zu erstatten, soweit nach dem Ermessen des Gerichts die Zuziehung zur zweckentsprechenden Rechtsverfolgung oder Rechtsvertheidigung nothwendig war (Art. 9 Pr FGG). Daß bei der Festsetzung einer Ordnungsstrafe der Betheiligte zugleich in die Kosten des Verfahrens zu verurtheilen ist, ist bereits — Nr. 65 der Nachträge — erwähnt. Ueber die Kosten in Nachlaß- und Theilungssachen ist § 1055 a, über die Kosten der Dispache § 1234 zu vergleichen.

b) Die etwa erforderlich werdende **Festsetzung** des Betrages der zu erstattenden Kosten erfolgt durch das Gericht erster Instanz, im Falle des § 1875 Abs. 1 BGB — § 886 — durch den Vorsitzenden des Familienraths. Zur Berücksichtigung eines Ansatzes genügt seine Glaubhaftmachung — § 813 — (Art. 10 Pr FGG).

c) Aus der gerichtlichen Kostenfestsetzung sowie aus einer Entscheidung, durch die ein Betheiligter zur Erstattung der ihm zuviel gezahlten Kosten verurtheilt wird, findet die Zwangsvollstreckung nach den Vorschriften der CPO (vgl. § 794 Nr. 3 das. — § 444 —) statt (Art. 14 Pr FGG).

2. a) Die Entscheidung über die Verpflichtung zur Tragung der Kosten und der Kostenfestsetzungsbeschluß unterliegt der **Beschwerde**, und zwar im Allgemeinen der einfachen Beschwerde ohne Fristbestimmung. Nur wenn gegen die in der Hauptsache ergangene Entscheidung die sofortige Beschwerde stattfindet, ist auch die Kostenbeschwerde die sofortige, mit Frist von zwei Wochen einzulegende. Die weitere Beschwerde gegen die Kostenfestsetzung ist nur zulässig, wenn die Beschwerdesumme den Betrag von 50 Mark übersteigt (Art. 11 Pr FGG). — Wird eine in Betreff der Kosten ergangene Entscheidung abgeändert, so ist der Betheiligte auf Antrag zur Er-

stattung der ihm auf Grund der Entscheidung zuviel gezahlten Kosten zu verurtheilen (Art. 13 Pr FGG; vgl. Art. 14 — 1 c) —).

b) Ergeht **nach** der Kostenfestsetzung eine Entscheidung, die den Werth des Gegenstandes des Verfahrens abweichend von der der Festsetzung zu Grunde liegenden Werthsberechnung festsetzt, so ist auf Antrag die Kostenfestsetzung von dem Gericht erster Instanz entsprechend abzuändern (Art. 12 Pr FGG). Eine Frist für die Anbringung des Antrags, wie in § 107 CPO — oben § 396 d) — ist nicht vorgeschrieben.

70. — S. 533 Z. 12 v. u. zuzusetzen: Zur Beglaubigung ist im Allgemeinen der **Gerichtsschreiber** befugt (Art. 35 Pr FGG); jedoch sind die Abschriften aus dem Schiffsregister und aus dem Grundbuche von dem Richter **und** dem Gerichtsschreiber zu unterschreiben (Art. 29 Abs. 3 Pr FGG, Art. 7 Abs. 2 AG GBO). Die Beglaubigung geschieht durch einen unter die Abschrift zu setzenden Vermerk, der die Uebereinstimmung mit der Hauptschrift bezeugt. Es soll darin ersichtlich gemacht werden, ob die Hauptschrift eine Urschrift, eine einfache oder beglaubigte Abschrift oder eine Ausfertigung ist; ist sie eine beglaubigte Abschrift oder eine Ausfertigung, so ist der Beglaubigungs- oder Ausfertigungsvermerk in die beglaubigte Abschrift aufzunehmen. Soll ein Auszug aus einer Urkunde beglaubigt werden, so finden die für die Ausfertigung eines Auszugs gegebenen Vorschriften — vgl. unten § 1077 e) — entsprechende Anwendung (Art. 57 Pr FGG). Wenn die beglaubigte Abschrift mehrere Bogen umfaßt, sollen diese durch Schnur und Siegel verbunden werden (Art. 63 Abs. 2 Pr FGG).

71. — S. 544/45 Z. 7—1 v. u. und 1—4 v. o. sind wie folgt zu ersetzen: Eine **gesetzliche** Vormundschaft kennt das BGB **nicht**, mit folgenden **Ausnahmen** (Art. 136 EG BGB, Art. 78 AG BGB):

aa) Für die in einer unter Verwaltung oder Aufsicht des Staates oder einer Gemeindebehörde stehenden **Erziehungs- oder Verpflegungsanstalt** untergebrachten Minderjährigen hat der **Vorstand** der Anstalt die Rechte und Pflichten eines Vormundes, solange das Vormundschaftsgericht nicht einen anderen Vormund bestellt hat. Unter dieser Voraussetzung behält er diese Rechte und Pflichten auch nach der Beendigung der Erziehung oder Verpflegung bis zur Volljährigkeit des Mündels. Die Aufnahme des Minderjährigen in die Anstalt, mit welcher das Amt des bisherigen Vormundes endigt, ist von dem Vorstande dem Vormundschaftsgericht und von diesem dem Gemeindewaisenrathe des Bezirks, in dem die Anstalt liegt, anzuzeigen. Ein Gegenvormund ist neben dem Anstaltsvorstande nicht zu bestellen; diesem stehen die nach § 1852 Abs. 2 BGB zulässigen Befreiungen — vgl. § 863 Ziff. 1 — zu.

bb) Auf Grund ortsstatutarischer Bestimmung können Beamten der Gemeindearmenverwaltung alle oder einzelne Rechte und Pflichten eines Vormundes für diejenigen Minderjährigen übertragen werden, welche im Wege der öffentlichen Armenpflege unterstützt oder unter Aufsicht der Beamten entweder in einer von dieser ausgewählten Familie oder Anstalt oder, sofern es sich um uneheliche Minderjährige handelt, in der mütterlichen Familie erzogen oder verpflegt werden. Wird von dieser Befugniß Gebrauch gemacht, so finden die Vorschriften unter aa) entsprechende Anwendung.

72. — S. 548 Z. 15—17 v. o. zu fassen: Nach Art. 72 AG BGB bedarf, wer ein Staatsamt oder ein besoldetes Amt in der Kommunal- oder Kirchenverwaltung bekleidet, ausgenommen die Notare, zur Uebernahme einer Vormundschaft oder zur Fortführung einer vor dem Eintritt in das Amt übernommenen Vormundschaft der Erlaubniß der zunächst vorgesetzten Behörde. Die Erlaubniß kann zurückgenommen werden.

73. — S. 553 statt Zeile 3 von „daher“ usw. bis Zeile 12 zu streichen und zu ersetzen wie folgt:

In Art. 73 AG BGB werden folgende Grundsätze aufgestellt:

aa) Eine Hypothek, eine Grundschuld oder eine Rentenschuld an einem in Preußen belegenen Grundstück ist für die Anlegung von Mündelgeld als sicher anzusehen, wenn sie innerhalb des Fünfzehnfachen oder, sofern ihr kein anderes der Eintragung bedürfendes Recht im Range vorgeht oder gleichsteht, innerhalb des Zwanzigfachen des staatlich ermittelten Grundsteuerreinertrages oder bei einem ländlichen Grundstück innerhalb der ersten zwei Drittel, bei einem städtischen Grundstück innerhalb der Hälfte des Werthes zu stehen kommt. Die Ermittelung dieses Werthes anlangend, so ist derselbe bei ländlichen Grundstücken durch Taxe einer preußischen öffentlichen Kreditanstalt, die durch Vereinigung von Grundbesitzern gebildet und durch staatliche Verleihung Rechtsfähigkeit erlangt hat (Landschaft, Ritterschaft), oder durch Taxe einer preußischen provinzial-(kommunal-) ständischen öffentlichen Grundkreditanstalt, oder durch gerichtliche Taxe (für deren Aufnahme die Grundsätze in AGO II 6 maßgebend bleiben — vgl. § 1037 β —), bei städtischen Grundstücken in gleicher Weise oder durch Taxe einer öffentlichen Feuerversicherungsanstalt festzustellen.

bb) Statt des Zwanzigfachen des Grundsteuerreinertrages ist bei Grundstücken, die von einer Kreditanstalt der unter aa) bezeichneten Art satzungsgemäß ohne besondere Ermittelungen bis zu einem größeren Vielfachen beliehen werden können, das größere Vielfache, sofern es jedoch den dreißigfachen Betrag übersteigt, dieser Betrag maßgebend. Für einzelne Bezirke kann durch Königl. Verordnung statt des Zwanzigfachen des Grundsteuerreinertrages ein das Vierzigfache nicht übersteigendes größeres Vielfache bestimmt werden.

74. — S. 553 Z. 24 zuzusetzen: Falls der vorbehaltene Bundesrathsbeschluß nicht Bestimmungen trifft, gelten für Preußen gemäß § 212 EG BGB und Art. 74 AG BGB folgende Forderungen und Werthpapiere als geeignet:

aa) die Rentenbriefe der zur Vermittelung der Ablösung von Renten in Preußen bestehenden Rentenbanken;

bb) die Schuldverschreibungen, welche von einer deutschen kommunalen Körperschaft oder von der Kreditanstalt einer solchen Körperschaft oder mit Genehmigung der staatlichen Aufsichtsbehörde von einer Kirchengemeinde oder einem kirchlichen Verband ausgestellt und entweder von Seiten der Inhaber kündbar sind oder einer regelmäßigen Tilgung unterliegen;

cc) die mit staatlicher Genehmigung ausgegebenen Pfandbriefe und gleichartigen Schuldverschreibungen von Kreditanstalten der oben *a* aa) bezeichneten Art (Landschaften, Ritterschaften, provinzialständische Grundkreditanstalten);

dd) die auf den Inhaber lautenden Schuldverschreibungen, welche von einer Preußischen Hypotheken-Aktien-Bank auf Grund von Darlehen an Preußische Körperschaften des öffentlichen Rechts, oder von Darlehen, für welche eine solche Körperschaft die Gewährleistung übernommen hat, ausgegeben sind.

75. — S. 553 Z. 14 v. u. zuzusetzen: Diese Erklärung erfolgt in Preußen durch den Regierungspräsidenten im Einvernehmen mit dem Landgerichtspräsidenten und kann in gleicher Weise zurückgenommen werden; beides, Erklärung und Rücknahme, ist durch das Amtsblatt bekannt zu machen (Art. 75 § 1 AG BGB).

76. — S. 553 Z. 3 v. u. am Ende zuzufügen: Zur Erhebung des Geldes aus Sparkassenbüchern, die vor dem Inkrafttreten des BGB außer Kurs gesetzt sind, ist die Genehmigung des Gegenvormundes oder des Vormundschaftsgerichts erforderlich (Art. 75 § 2 AG BGB).

77. — S. 563 Z. 3, 4 v. u. sind die Worte: „Es bleibt usw in Kraft" zu streichen und in der letzten Zeile ist hinter „Verwaltungssache" einzuschalten:

Nach Art. 77 AG BGB sind für jede Gemeinde oder für örtlich abzugrenzende Gemeindetheile, sowie für jeden selbständigen Gutsbezirk ein oder mehrere Gemeindeglieder als Gemeindewaisenrath zu bestellen. Für benachbarte Gemeindebezirke können dieselben Personen bestellt werden. Für selbständige Gutsbezirke wird der Waisenrath vom Gutsvorsteher ernannt. Das Amt eines Waisenraths ist ein unentgeltliches Gemeindeamt. Durch Beschluß der Gemeindebehörde können die dem Gemeindewaisenrath obliegenden Verrichtungen besonderen Abtheilungen oder schon bestehenden Organen der Gemeindeverwaltung übertragen werden. Die bisherigen Waisenräthe bleiben im Amte.

78. — S. 588 Z. 13 v. u. hinter „zusteht": *) und an den Fuß der Seite als Anmerkung:

*) Hierzu bestimmt Art. 69 AG BGB:

a) Soweit in privatrechtlichen Vorschriften, die neben dem BGB in Kraft bleiben, auf die väterliche Gewalt oder den väterlichen Nießbrauch Bezug genommen ist, tritt an die Stelle der väterlichen Gewalt die elterliche Gewalt, an die Stelle des väterlichen Nießbrauchs die elterliche Nutznießung. — Ist in privatrechtlichen Angelegenheiten eines Minderjährigen die Zustimmung des Vaters oder des Vormundes oder die Vertretung durch den Vater oder Vormund vorgeschrieben, so steht die Zustimmung oder die Vertretung der Mutter zu, wenn sie kraft elterlicher Gewalt die Vertretung des Minderjährigen hat.

b) Der Mutter steht die Nutznießung an dem Fideikommißvermögen des Kindes kraft der elterlichen Gewalt nur insoweit zu, als ihr nach dem bisherigen Rechte der Nießbrauch zustehen würde. Die in § 1698 BGB — § 906 — vorgesehene Uebertragung der Vermögensverwaltung auf einen der Mutter bestellten Beistand kann auch ohne Antrag der Mutter erfolgen; sie hat zu erfolgen, wenn sie vom Vater nach Maßgabe des § 1777 BGB — § 905 — angeordnet worden ist.

c) Hat die Mutter eines Minderjährigen dessen Vermögen bis zum Inkrafttreten des BGB als Vormünderin, von dieser Zeit an kraft elterlicher Gewalt zu verwalten, so findet die Legung einer Schlußrechnung nach § 67 der Vormundschaftsordnung vom 5. Juli 1875 nicht statt. Die Mutter hat erst nach dem Aufhören ihrer Vermögensverwaltung auch für die Zeit der vormundschaftlichen Verwaltung dem Kinde Rechenschaft abzulegen.

d) Soweit in **öffentlich-rechtlichen** Vorschriften der bestehenden Landesgesetze auf die väterliche Gewalt Bezug genommen wird, tritt an die Stelle der väterlichen Gewalt die elterliche Gewalt. Steht die elterliche Gewalt nach dem BGB der Mutter zu oder wird sie von ihr ausgeübt, so liegt der Mutter auch die Vertretung des Minderjährigen in öffentlich-rechtlichen Angelegenheiten insoweit ob, als sie nach dem bisherigen Recht dem Vater, Vormund oder Pfleger oblag. Ist in einer Angelegenheit die Mitwirkung weiblicher Personen ausgeschlossen, so kann sich die Mutter nach den für die Vertretung solcher Personen geltenden Vorschriften vertreten lassen.

79. — S. 600 Z. 1—3 v. o. zu streichen und wie folgt zu ersetzen: Zuständig für die Entgegennahme und öffentliche Beglaubigung dieser Erklärungen ist in Preußen der Standesbeamte, wenn die Geburt des Kindes im Geburtsregister eingetragen ist oder wenn die Erklärung bei der Eheschließung erfolgt. Ist die Geburt nicht in einem preußischen Geburtsregister eingetragen, so ist das Amtsgericht zuständig, in dessen Bezirke der Ehemann seinen Wohnsitz oder gewöhnlichen Aufenthalt hat. Das Amtsgericht soll die Erklärung über die Ertheilung des Namens dem Standesbeamten, in dessen Geburtsregister der Geburtsfall eingetragen ist, mittheilen. In dem Geburtsregister ist die Erklärung am Rande der über den Geburtsfall bewirkten Eintragung zu vermerken (Art. 68 § 2 AG BGB).

80. — S. 612 Z. 3 v. u. als Anm. zu „Eingehung der Ehe":

*) Die landesgesetzlichen Vorschriften, nach welchen für Staatsbeamte und Geistliche zur Eingehung einer Ehe eine besondere Erlaubniß erforderlich ist (und welche nach § 1315 BGB in Kraft bleiben), sind in Preußen aufgehoben (Art. 42 AG BGB). Die reichsgesetzliche Vorschrift des § 40 des Reichsmilitärgesetzes vom 2. Mai 1874 (RGBl S. 45), wonach die Militärbeamten einschließlich der Militärpfarrer ebenso, wie nach § 1315 Militärpersonen, zu ihrer Verheirathung der Genehmigung ihrer Vorgesetzten bedürfen, bleibt in Kraft.

81. — S. 620 Z. 14 v. o. hinter 97 EG BGB einzufügen: Art. 16 AG BGB.

82. — S. 620 als Anm. zur Ueberschrift Z. 3 v. u.:

*) Eingehende Bestimmungen über den Güterstand der zur Zeit des Inkrafttretens des BGB bestehenden Ehen enthalten Artt. 44—67 AG BGB, auf die verwiesen zu haben wegen ihrer vorübergehenden Bedeutung hier genügen muß. Es mag aber bemerkt werden, daß die verschiedenen Güterstände dieser Ehen möglichst einem der Güterstände des BGB angepaßt werden.

83. — S. 641 Z. 9 v. o. hinter „wieder" einzuschalten: Die Annahme eines anderen Namens oder die Untersagung der Führung des bisherigen Namens ist in öffentlich beglaubigter Form der nach Landesgesetz zuständigen Behörde gegenüber zu erklären.

84. — S. 641 Z. 9 v. o. hinter „(§ 1577 BGB)" einzuschalten: Zuständig für die Entgegennahme und öffentliche Beglaubigung dieser Erklärungen ist in Preußen der Standesbeamte, wenn die geschiedene Ehe vor einem preußischen Standesbeamten geschlossen war. Anderenfalls ist das Amtsgericht zuständig, in dessen Bezirke der Erklärende

seinen Wohnsitz oder seinen gewöhnlichen Aufenthalt hat. Das Amtsgericht soll die Erklärung dem Standesbeamten, vor welchem die Ehe geschlossen war, mittheilen. Die Erklärung ist am Rande der über die Eheschließung bewirkten Eintragung zu vermerken (Art. 68 § 1 AG BGB).

85. — S. 652 ist zur **zweiten** Ordnung das folgende fernere Beispiel zuzusetzen:

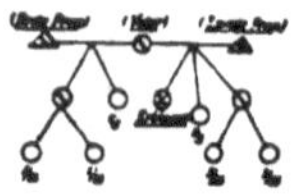

86. — S. 653 Z. 15 u. 16 müssen heißen: Ist ein Ehegatte vorhanden, so erbt dieser neben Großeltern die **Hälfte,** neben Abkömmlingen derselben **allein.**

87. — S. 653 ist das dort gegebene Beispiel durch das folgende zu ersetzen:

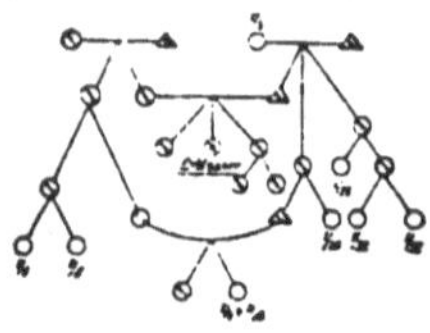

88. — S. 657 Z. 10 v. u. hinter „erklärt werden" einzuschalten: Eine Verpflichtung zur Stellung solcher Anträge oder zur Anzeige des Todesfalls besteht für die muthmaßlichen Erben oder die Verwandten nicht. Damit nun das Nachlaßgericht von den Fällen, in denen gerichtliche Maßregeln zur Sicherung des Nachlasses angebracht erscheinen, Kenntniß erhalte, ist es den Ortspolizeibehörden zur Pflicht gemacht, von solchen Todesfällen dem für den Sterbeort zuständigen Amtsgericht Mittheilung zu machen. Der Justizminister und der Minister des Innern können diese Verpflichtung auf die Gemeindebehörden (insbesondere die Standesämter) übertragen (Art. 19 Pr FGG). — Besondere Vorschriften sind nur für die Nachlaßsiegelung bei **Beamten** gegeben. Unbeschadet der Zuständigkeit des Nachlaßgerichts hat nach dem Tode eines Beamten die Behörde, welcher der Verstorbene angehörte, oder die Aufsichtsbehörde für die Sicherung der amtlichen Akten und der sonstigen Sachen, deren Herausgabe verlangt werden kann, zu sorgen, soweit hierfür ein Bedürfniß vorliegt. Werden bei Ausführung einer von dem Nachlaßgericht angeordneten Maßregel derartige Sachen (namentlich Akten und Gelder) vorgefunden, so ist die Behörde, welcher der Verstorbene angehörte, oder die Aufsichts-

behörde zu benachrichtigen und ihr zugleich von den vorgenommenen Sicherungsmaßregeln Mittheilung zu machen. Dieser Behörde liegt die Veranlassung des Weiteren ob (Art. 20 Pr FGG).

89. — S. 657 Z. 5—1 v. u. von „Es bleiben . . bis . . Beamte ist" zu streichen und zu ersetzen wie folgt: In Preußen ist durch Art. 128 Pr FGG der Justizminister ermächtigt, über das Verfahren bei der Sicherung eines Nachlasses, insbesondere über die Siegelung und Entsiegelung und die Aufnahme eines Vermögensverzeichnisses allgemeine Bestimmungen zu treffen. Diese sind gegeben in . . .

90. — S. 665 Z. 18 v. o. zuzusetzen: Nähere Vorschriften enthalten die auf Grund des Art. 128 Pr FGG von dem Justizminister getroffenen Bestimmungen.

91. — S. 678 Z. 25—27 die Worte „Falls . . bis . . werden" zu streichen und zu ersetzen: In Preußen gilt nach Art. 83 AG BGB der 25fache Betrag des jährlichen Reinertrags als der Ertragswerth; jedoch kann durch Königl. Verordnung eine andere Verhältnißzahl bestimmt werden. Die Grundsätze, nach welchen der Reinertrag festzustellen ist, können von dem Justiz- und dem Landwirthschaftsminister festgestellt werden. Vorläufig behalten usw.

Für die Landestheile, in welchen die Vorschriften der Allg. Gerichtsordnung über die Aufnahme gerichtlicher Taxen nicht gelten, kann durch Königl. Verordnung die Aufnahme von Taxen einer Behörde übertragen, für die Abschätzung von Grundstücken auch bestimmt werden, daß sie durch staatlich anzustellende Sachverständige zu erfolgen hat. Das Verfahren sowie die Höhe der Gebühren ist von den zuständigen Ministern zu regeln (Art. 127 Pr FGG).

92. — S. 686 unter Z. 6 v. o. einzuschalten:

II. Zur Ausführung des Vorbehalts in § 193 FGG, daß die landesgesetzlichen Vorschriften, nach denen an Stelle der Gerichte oder neben diesen die Notare die Auseinandersetzung zu vermitteln haben, unberührt bleiben, ist in Artt. 21, 32 Pr FGG bestimmt:

Die Vermittelung der Auseinandersetzung kann von dem darum angegangenen Nachlaß-Amtsgericht auf den spätestens im ersten Verhandlungstermine zu stellenden Antrag eines Betheiligten durch Beschluß (**Ueberweisungsbeschluß**) einem Notar überwiesen werden. Dem Antrag muß stattgegeben werden, wenn er von allen Betheiligten vor oder in dem ersten Verhandlungstermine gestellt wird; geht die Einigung aller Betheiligten zugleich auf einen bestimmten Notar, so ist diesem die Vermittelung zu überweisen, falls er nicht rechtlich oder thatsächlich verhindert ist. An Stelle eines bereits ernannten, aber rechtlich oder thatsächlich verhinderten Notars kann ein anderer ernannt werden, und zwar auch ohne Antrag und bis zu dem ersten von dem Gerichte zur Fortsetzung der Verhandlung bestimmten Termine. Gegen den Ueberweisungsbeschluß und gegen die Ernennung eines anderen Notars statt des ersternannten steht den Betheiligten die sofortige Beschwerde — § 819 f) — zu. Lehnt der Notar die Vermittelung der Auseinandersetzung ab, weil der ihm zustehende Vorschuß nicht gezahlt wird, so ist die Ueberweisung erledigt; die Ueberweisung an einen anderen Notar ist in diesem Falle nicht zulässig. Das weitere Verfahren ist unter B — Nr. 94 der Nachträge — dargestellt.

93. — S. 690 Z. 7—11 v. u. zu streichen. An die Stelle tritt folgendes:

9. **Kosten.** Soweit nicht in der Auseinandersetzungsurkunde etwas anderes bestimmt ist, fallen die Kosten des Verfahrens der Masse zur Last; die Gebühren und Auslagen eines Bevollmächtigten trägt der Machtgeber, die Kosten einer für das Auseinandersetzungsverfahren angeordneten Abwesenheitspflegschaft der abwesende Betheiligte, die durch eine Versäumung verursachten Kosten der Säumige. Wer die Kosten der Beschwerde-Instanz zu tragen hat, bestimmt sich nach dem Inhalte der darüber ergangenen gerichtlichen Entscheidung (Art. 28 Pr FGG).

94. — S. 690 vor Z. 6 v. u. einzuschalten:

B. Die Auseinandersetzung vor dem Notar.

1. a) Der Notar wird durch den Ueberweisungsbeschluß — vgl. oben —, den ihm das Gericht, sobald er rechtskräftig geworden, mit den Akten unter Angabe des Tages der Rechtskraft zu übersenden hat, mit der Vermittelung der Auseinandersetzung befaßt: er tritt an die Stelle des Gerichts, dessen Verrichtungen, wie sie unter A 2, 3 a—c, 4 und 6 dargestellt sind, auf ihn übergehen. Jedoch erfolgt die **Bestätigung** der Auseinandersetzung oder einer vorgängigen Vereinbarung durch das **Gericht.** Auch ist das Gericht zuständig für die Entscheidung über die Rechtmäßigkeit der Weigerung eines Zeugnisses oder der Abgabe eines Gutachtens und über die Entbindung von der Abgabe eines Gutachtens, für die Verurtheilung eines Zeugen oder Sachverständigen in Strafe und Kosten, für die Anordnung der zwangsweisen Vorführung eines Zeugen und für die Aufhebung der gegen einen Zeugen oder Sachverständigen getroffenen Anordnungen. Die Vernehmung von Zeugen und Sachverständigen kann dagegen durch den Notar erfolgen; sie kann aber nur dann angeordnet werden, wenn die erschienenen Betheiligten über die Vernehmung einverstanden sind (Artt. 21 Abs. 2, 23 Pr FGG).

b) Die Zuständigkeit des Notars umfaßt auch die Geschäfte des **Gerichtsschreibers**; an die Stelle der Gerichtsschreiberei treten die Geschäftsräume des Notars. Die **Bekanntmachung der Verfügungen** des Notars erfolgt in entsprechender Anwendung der für die Bekanntmachung der gerichtlichen Verfügungen gegebenen Vorschriften — vgl. oben § 815 —; jedoch tritt bei der Zustellung von Amtswegen — vgl. a a O und § 359 — an die Stelle des Gerichtsschreibers der Notar, an die Stelle des Gerichtsdieners der Gerichtsvollzieher. Die Bestellung von Zustellungsbevollmächtigten (§ 174 Abs. 1 CPO — oben § 352 e) —) findet nicht statt. Bei einer Zustellung durch Aufgabe zur Post — oben § 355 b) — hat sich der Notar, wenn er nicht selbst das zuzustellende Schriftstück der Post übergiebt, der Vermittelung eines Gerichtsvollziehers zu bedienen. Die Bewilligung der öffentlichen Zustellung — § 356 b) — kann nur durch das Gericht erfolgen; die Zustellung wird von dem Gerichtsschreiber besorgt (Artt. 24, 26 Pr FGG).

c) Der Antrag auf **Wiedereinsetzung in den vorigen Stand** — vgl. A 5 — kann bei dem Gericht oder dem Notar gestellt werden (Art. 25 Pr FGG).

2. a) Ist das Verfahren vor dem Notar erledigt, so hat dieser die in dem Verfahren entstandenen Schriftstücke zu den Gerichtsakten abzugeben, also nicht, wie es sonst für die notariellen Urschriften vorgeschrieben ist, selbst aufzubewahren (Art. 27 Pr FGG).

b) Wegen der Kosten des Verfahrens vor dem Notar gelten die Bestimmungen unter A 9.

95. — S. 699 unter Z. 20 v. o. einzuschalten:

b) Die gerichtliche Beglaubigung **amtlicher** Unterschriften zum Zwecke der **Legalisation** im diplomatischen Wege erfolgt durch den **Präsidenten des Landgerichts**; sie kann von dem Justizminister auch dem zur Führung der **Aufsicht** bei einem Amtsgerichte **berufenen Richter** übertragen werden (§ 43 AG GVG in der Fassung des Art. 130 VI Pr FGG). Desgleichen hat (nach der allgemeinen Verfügung vom 17. Oktober 1891 — JMBl S. 264 —) die **Bescheinigung der Gesetzmäßigkeit** einer inländischen öffentlichen Urkunde, d. h. die in manchen Fällen erforderliche Bescheinigung, daß die Urkunde den am Orte ihrer Errichtung geltenden Gesetzen entspricht, wodurch die Zuständigkeit des instrumentirenden Beamten zur Aufnahme der Urkunde und die Statthaftigkeit ihres Inhalts bezeugt wird, durch den Präsidenten des Landgerichts zu erfolgen. Ueber den Geschäftsgang bei dieser Legalisation trifft die allg. Verfügung vom 20. April 1895

(JMBl S. 131) **Bestimmungen. Wegen der Beglaubigung der zum Gebrauche in Rußland bestimmten Urkunden vgl. allg. Verfügung vom 6. März 1896 (JMBl S. 92). — Ueber die Legalisation ausländischer Urkunden zum Zwecke des Gebrauchs im Inlande ist das Gesetz vom 1. Mai 1878 (RGBl S. 89) zu vergleichen.**

96. — S. 699 als Nr. 5 der Einleitung nachzutragen:

5. Ueber die Errichtung von Urkunden über Gegenstände, die nicht Rechtsgeschäfte sind, sind reichsgesetzlich nur vereinzelte Bestimmungen getroffen, so über die Form der Wechselproteste — vgl. § 1115 — und über die Protokolle der Generalversammlung einer Aktiengesellschaft oder einer Kommanditgesellschaft auf Aktien (§§ 259, 320 Abs. 3 HGB — vgl. § 1068 q) —). — Im Uebrigen ist das Verfahren in Preußen geregelt durch Artt. 53 ff Pr FGG — unten § 1111 a und b.

Neben der gerichtlichen Zuständigkeit besteht, wie in der vorstehenden Darstellung angedeutet ist, überall die Zuständigkeit der Notare.

Für das Verfahren der Notare gelten im Wesentlichen dieselben Vorschriften, die für das Verfahren der Gerichte gegeben sind. Die **Amtsstellung** der Notare ist im sechsten Abschnitt in den Artt. 77—103 Pr FGG geordnet.

97. — S. **700** Z. 10 v. u. zuzufügen: Ausnahmsweise *α.* genügt für den Rentengutsvertrag bei den durch Vermittelung der Generalkommissionen begründeten und bei den vom Staate ausgegebenen Rentengütern, desgleichen für die Verträge über die freiwillige Abtretung von Grundstücken im Enteignungsverfahren die schriftliche Form; — *β.* ist außer den Gerichten und Notaren für die Beurkundung von Verträgen über den Erwerb von Grundstücken, bei denen einer der Vertragschließenden eine öffentliche Behörde ist, der Beamte zuständig, welcher von dem Vorstande der zur Vertretung berufenen oder der vorgesetzten Behörde bestimmt ist (Art. 12 AG BGB).

98. — S. **704** Z. 6 u. 5 v. u. sind die Worte „Das FGG .. bis .. vgl. § 1073)“ zu streichen; an dieser Stelle ist einzuschalten: Desgleichen spricht das HGB in den §§ 571, 588, 596, 646, 689 und das Binnenschiffahrtsgesetz vom 15. Juni 1895 (RGBl 1898 S. 868) in den §§ 28, 33, 39, 47 und 51 von öffentlichen Urkunden. Was diese öffentlichen Urkunden betrifft, so ist für die Aufnahme der im BGB vorgesehenen außer den Amtsgerichten und Notaren der Standesbeamte zuständig, welcher die Geburt des Kindes oder die Ehe-

schließung seiner Eltern beurkundet hat, auch wenn die Anerkennung der Vaterschaft nicht bei der Anzeige der Geburt oder bei der Eheschließung erfolgt. Die Form der Urkunden ist die für die Beurkundung durch die genannten Behörden und Beamten vorgeschriebene (gerichtliche, notarielle, standesamtliche). Wenn bei einer vor Gericht oder Notar erfolgenden Anerkennung die Beischreibung eines Vermerks im Geburtsregister beantragt wird, so hat das Gericht (der Notar) die Erklärung und den Antrag dem zuständigen Standesbeamten mitzutheilen (§§ 167, 200 FGG, Art. 70 AG BGB). — Die anderen gedachten Urkunden haben den Charakter eines Protestes, einer einseitigen Willenserklärung; die Aufnahme gehört zur Zuständigkeit der Amtsgerichte und Notare, die dabei nach den Vorschriften in Artt. 54 ff Pr FGG verfahren — vgl. §§ 1111 a und b. —

99. — S. 705 Z. 15 v. u. zuzufügen: (Art. 31 Pr FGG).

100. — S. 706 Z. 6 v. o. am Ende zufügen: und Taube.

101. — S. 706 Z. 9—16 von „Hinsichtlich . . bis . . unterrichten wollen" zu streichen.

102. — S. 708 unter Z. 9 v. u. einzuschalten:

bb) Werden bei der Beurkundung eines Rechtsgeschäfts von dem Richter Wahrnehmungen gemacht, welche Zweifel darüber begründen, ob ein Betheiligter die zu dem Rechtsgeschäfte erforderliche Geschäftsfähigkeit oder Einsicht besitzt, so sollen die Zweifel den Betheiligten mitgetheilt und der Inhalt der Mittheilung sowie die Erklärung der Betheiligten darauf in dem Protokoll festgestellt werden. Es ist also nicht gerade erforderlich, daß positiv die Geschäftsfähigkeit festgestellt werde; jedoch ist es zweckmäßig, wie bisher neben der Feststellung der persönlichen Bekanntschaft — aa) — auch die Geschäftsfähigkeit festzustellen. Die Formel lautet also: „Es erschien usw N. N., der Persönlichkeit nach bekannt und zweifellos geschäftsfähig." — Weiterhin soll in dem Protokolle festgestellt werden, ob, wenn Zweifel an der Gültigkeit des Geschäfts bestehen, dies den Betheiligten mitgetheilt ist, welchen Inhalt diese Mittheilung gehabt und welche Erklärungen die Betheiligten darauf abgegeben haben (Art. 40 Pr FGG).

103. — S. 709 unter Z. 16 v. u. einzuschalten:

β. Ist ein Betheiligter **taub**, so soll das Protokoll ihm, auch wenn er es nicht verlangt, zur Durchsicht vorgelegt werden und die Feststellung enthalten, daß dies geschehen sei. Falls der Taube nicht im Stande ist, Geschriebenes zu lesen, soll eine Vertrauensperson zugezogen werden, die sich mit ihm zu verständigen vermag; diese hat alsdann das Protokoll mit den Betheiligten zu genehmigen und zu unterschreiben. In dem Protokolle ist festzustellen, daß der Betheiligte nach der Ueberzeugung des Richters die Vertrauensperson verstanden hat. Kann sich der Richter diese Ueberzeugung nicht verschaffen, so hat er die Beurkundung abzulehnen und es den Betheiligten zu überlassen, für die Bestellung eines Pflegers (§ 1910 BGB — § 876 —) Sorge zu tragen. Die Vorschriften, die für die Zeugen und Dolmetscher getroffen sind (§§ 170 ff FGG — § 1075 —) finden auf die Vertrauensperson keine Anwendung. Auch der Gerichtsschreiber, ein zugezogener Zeuge oder einer der Betheiligten kann als Vertrauensperson thätig sein (Art. 41 Pr FGG). Doch ist im Falle der Verwendung eines Betheiligten sorgfältig zu prüfen, ob derselbe das Vertrauen verdient, insbesondere nicht bei der Beurkundung ein dem Interesse des Tauben entgegenstehendes Interesse verfolgt. Ausgeschlossen als Vertrauensperson sind die Betheiligten aber nicht, und zwar aus dem Grunde, weil sonst bei Rechtsgeschäften, an denen die nächsten Verwandten des Tauben betheiligt sind, leicht Schwierigkeiten entstehen könnten. Denn häufig sind nur die Angehörigen des Tauben in der Lage, sich mit ihm zu verständigen. Uebrigens ist dem Richter, wenn die Verständigung so geschieht, daß die Worte dem Tauben vorgesprochen werden und dieser sie von den Lippen abliest, die Möglichkeit geboten, die Vertrauensperson zu überwachen.

104. — S. 710 Z. 4—11 v. o. zu streichen, Z. 12—33 zu ersetzen wie folgt:

6. **Ausfertigung und Abschriften.** Die Urschriften der gerichtlichen Protokolle über die Beurkundung von Rechtsgeschäften bleiben der Regel nach*) in der Verwahrung des Gerichts (Art. 42 Pr FGG). Die Betheiligten erhalten von den Urkunden auf Verlangen Abschriften oder Ausfertigungen d. h. solche beglaubigte Abschriften, welche bestimmt sind, die Urschrift im Verkehr zu vertreten. Die Vorlegung der Ausfertigung hat dieselben Wirkungen, wie die Bei-

*) Eine Ausnahme ist gestattet hinsichtlich der Urkunden, die nach der glaubhaft gemachten Erklärung der Betheiligten im Auslande gebraucht werden sollen. Von diesen darf auf Antrag aller Betheiligten oder eines Betheiligten unter Zustimmung der übrigen zur Forderung einer Ausfertigung Berechtigten die Urschrift ausgehändigt werden. Geschieht dies, so soll eine Ausfertigung zurückbehalten und auf dieser vermerkt werden, wem und an welchem Tage die Urschrift ausgehändigt ist. Die zurückbehaltene Ausfertigung vertritt die Stelle der Urschrift (Art. 44 Pr FGG).

bringung der Urschrift, während die Vorlegung einer gewöhnlichen beglaubigten Abschrift unter Umständen, z. B. wenn es sich um den Nachweis des Bestehens einer Vollmacht handelt, nicht genügt. Es sind folgende Punkte zu beachten:

a) Die Ausfertigung ist von dem **Gerichtsschreiber** des Gerichts, in dessen Verwahrung sich die Urschrift befindet, zu ertheilen, von ihm zu **unterschreiben** und mit dem **Gerichtssiegel** zu versehen (§ 182 FGG, Art. 43 Pr FGG). In Preußen wurden bisher die Ausfertigungen der Urkunden der freiwilligen Gerichtsbarkeit unter der Unterschrift des Richters ertheilt. Die jetzt geltende Vorschrift dehnt den für die streitige Gerichtsbarkeit geltenden Grundsatz, daß der Gerichtsschreiber der Ausfertigungsbeamte ist (§ 317 CPO), auf die freiwillige Gerichtsbarkeit aus. Der Gerichtsschreiber soll aber Ausfertigungen oder Abschriften nur auf Anordnung des Gerichts ertheilen (Art. 51 Pr FGG).

b) **Berechtigt,** eine Ausfertigung oder Abschrift (einfache oder beglaubigte) zu **fordern,** sind, falls nicht in der Urkunde oder einer besonderen Erklärung gegenüber dem Gerichte eine abweichende Bestimmung getroffen ist (Art. 49 Pr FGG):

α. diejenigen, welche das Rechtsgeschäft im eigenen Namen vorgenommen haben oder in deren Namen das beurkundete Rechtsgeschäft von anderen vorgenommen ist;

β. die Rechtsnachfolger der unter *α* bezeichneten Personen.

Hat aber derjenige, welcher eine Ausfertigung fordert, sein Rechtsvorgänger oder sein Rechtsnachfolger schon eine Ausfertigung erhalten, so ist die Ertheilung einer weiteren Ausfertigung zu verweigern, wenn ihr rechtliche Bedenken entgegenstehen.

c) **Form** (vgl. im Allgemeinen oben § 821). Die Ausfertigung soll den Ort und Tag der Ertheilung angeben und die Bezeichnung der Person enthalten, der sie ertheilt wird. Auf der Urschrift soll vermerkt werden, wem und an welchem Tage Ausfertigungen ertheilt worden sind; Anlagen des Protokolls sind, jedoch nur auf Antrag, der Ausfertigung in beglaubigter Abschrift beizufügen, sofern sie nicht, wie bei der Verlautbarung — vgl. oben § 1077 b) *α* cc) — einen Theil des Protokolls selbst bilden (Artt. 46, 48 Pr FGG). — Für beglaubigte Abschriften gelten die oben — § 822 — erörterten Vorschriften.

d) Auf Antrag können die gerichtlichen Protokolle auch **auszugsweise** ausgefertigt werden (§ 182 Abs. 2 FGG). In die auszugsweise Ausfertigung sind außer solchen Theilen des Protokolls, welche die Beobachtung der Förmlichkeiten nachweisen (Datum, Eingang, Schluß und Unterschrift — vgl. § 131 Abs. 2 CPO —), diejenigen Theile aufzunehmen, welche den Gegenstand betreffen, auf den sich der Auszug beziehen soll (die einschlägige Stelle, passus concernens). Der Umfang des Auszugs und der Inhalt des Ausfertigungsvermerks ist durch Anordnung des Richters, die der Gerichtsschreiber bei der Ertheilung zu erwähnen hat, festzustellen. In dem Ausfertigungsvermerk ist der Gegenstand anzugeben und zu bezeugen, daß weitere den Gegenstand betreffende Bestimmungen in dem Protokoll nicht enthalten sind. Wegen der Anlagen gilt das unter c) Gesagte (Art. 47 Pr FGG).

Vorschriften über die Erneuerung (Renovation) von Urkunden (wie sie in §§ 28, 29 AGO II 3 gegeben waren) sind nicht aufgenommen, weil neben der Feststellungsklage das Bedürfniß für solche Vorschriften nicht anerkannt wurde.

105. — S. 711 unter Z. 15 v. o. einzuschalten: Daß der beglaubigende Richter nicht befugt ist, ohne Zustimmung der Betheiligten von dem Inhalte der Urkunde Kenntniß zu nehmen, ist schon hervorgehoben — oben § 1066 Ziff. 2 —. Werden von dem Richter Wahrnehmungen gemacht, die geeignet sind, Zweifel an der Geschäftsfähigkeit der Person zu begründen, deren Unterschrift oder Handzeichen beglaubigt werden soll, so soll dies in dem Beglaubigungsvermerk festgestellt werden (Art. 60 Abs. 1 u. 3 Pr FGG). Die vorhandene Geschäftsfähigkeit dagegen bedarf der Feststellung nicht.

106. — S. 713 Z. 24 u. 25 v. o. die Worte „Art. 86 EG BGB .. bis .. 1870" zu ersetzen durch: Art. 6 AG BGB.

107. — S. 720 Z. 3—5 durch folgende zu ersetzen:

In Preußen sind in dieser Beziehung folgende Vorschriften gegeben (Art. 81 AG BGB):

a. Die besondere amtliche Verwahrung der Testamente und der Erbverträge erfolgt bei den **Amtsgerichten.** Und zwar sind bei den Amtsgerichten nicht nur die vor diesen errichteten Testamente in Verwahrung zu nehmen, sondern auch die von den Notaren aufgenommenen, die vor dem Vorsteher einer Gemeinde oder eines Gutsbezirks errichteten und, auf Verlangen, auch die eigenhändigen Privattestamente (§§ 2246, 2248, 2249 BGB). **Zuständig** für die Verwahrung ist aa) bei dem vor einem Amtsgericht errichteten Testament dieses Gericht, — bb) bei dem vor einem Notar errichteten das Gericht, in dessen Bezirke der Notar seinen Amtssitz hat, — cc) bei dem vor einem Gemeinde- oder Gutsbezirksvorsteher errichteten Nothtestament das Gericht, zu dessen Bezirke die Gemeinde oder der Gutsbezirk gehört, — dd) beim eigenhändigen Privattestament jedes Amtsgericht. Der Erblasser kann jederzeit die Verwahrung bei einem anderen Gerichte beantragen. Wenn der Erblasser seinen Wohnsitz nicht im Bezirke des Gerichts hat, welches das Testament in Verwahrung nimmt, so ist dem Gerichte des Wohnsitzes von der Verwahrung Nachricht zu geben.

108. — S. 720 Z. 20—25 v. o. zu streichen.

109. — S. 722 Z. 6 u. 7 v. o. die Worte „sowie über .. bis .. Testamente" zu streichen und unter Z. 24 v. o. einzuschalten:

d) **Eröffnung von lange Zeit in Verwahrung befindlichen Testamenten.** Ein Testament, das sich seit mehr als 54 Jahren in amtlicher Verwahrung befindet, ist zu eröffnen, sofern nicht bekannt ist, daß der Erblasser noch lebt. Im Uebrigen finden die Vorschriften unter b) und c) Anwendung (Art. 82 AG BGB).

110. — S. 725 unter Z. 3 v. u. einzuschalten:

In Kraft bleiben (Art. 32 EG BGB) die Vorschriften in § 44 des Reichsmilitärgesetzes vom 2. Mai 1874 (RGBl S. 45) über die **privilegirten militärischen letztwilligen Verfügungen,** welche gemäß Art. 44 EG BGB auch auf die letztwilligen Verfügungen der Angehörigen der Kaiserlichen Marine Anwendung finden. Für die Gerichte von Bedeutung ist die nach § 39 Abs. 3 des Reichsmilitärgesetzes in Geltung gebliebene Bestimmung des § 11 des Gesetzes vom 8. Juni 1860 (GS S. 240) — zu vgl. Art. 127 Pr FGG —, wonach die privilegirten militärischen Testamente dem ordentlichen persönlichen (Amts-)Gerichte des Erblassers zur Aufbewahrung und weiteren Veranlassung zu übersenden sind. Zu beachten ist in dieser Beziehung, daß die privilegirten militärischen letztwilligen Verfügungen ihre Gültigkeit verlieren mit dem Ablauf eines Jahres von dem Tage ab, an welchem der Truppentheil, zu dem der Verfügende gehört, demobil gemacht ist, oder der Verfügende aufgehört hat, zu dem mobilen Truppentheil zu gehören, oder als Kriegsgefangener oder Geißel aus der Gewalt der Feinde entlassen ist, bezw. an welchem das Schiff in einen inländischen Hafen zurückkehrt oder der Verfügende aufhört, zu dem Schiffe zu gehören. Der Lauf dieser Frist wird jedoch gehemmt durch anhaltende Unfähigkeit des Erblassers zur Errichtung einer anderen letztwilligen Verfügung. Wenn der Verfügende innerhalb des Jahres vermißt und in dem Verfahren auf Todeserklärung festgestellt wird, daß er seit jener Zeit verschollen ist, so tritt die Ungültigkeit der letztwilligen Verfügung nicht ein (§ 44 Ziff. 5 des Reichsmilitärgesetzes, Art. 44 EG BGB).

111. — S. 732 vor „Fünfter Abschnitt" einzuschalten:

Drittes Kapitel.

Sonstige Urkunden.

Einleitung. Es ist schon oben bemerkt — Nr. 61 der Nachträge —, daß nicht über alle gerichtliche Verhandlungen ein förmliches Protokoll, eine Urkunde, aufgenommen zu werden braucht. Jedoch giebt es außer den in den beiden vorhergehenden Kapiteln behandelten Urkunden über Rechtsgeschäfte eine Reihe von Gegenständen, deren Verhandlung die urkundliche Form erheischt oder für welche sie von den Betheiligten verlangt werden kann. Hervorzuheben sind folgende:

a) die Beglaubigung von Abschriften und von Auszügen aus einer Urkunde (Art. 57 Pr FGG);

b) die Sicherstellung der Zeit, zu welcher eine Privaturkunde ausgestellt ist (Art. 58 Pr FGG);

c) die Aufnahme eines Protokolls über die Versammlung der Mitglieder einer Handelsgesellschaft, einer Genossenschaft, einer Gewerkschaft oder eines Vereins (wegen der Beurkundung der Beschlüsse der Generalversammlung einer Aktiengesellschaft oder Kommanditgesellschaft auf Aktien vgl. §§ 259, 320 Abs. 3 HGB — unten § 1153 a) —);

d) die Beurkundung des Herganges bei Verloosungen sowie bei der Ausloosung oder Vernichtung von Werthpapieren;

e) die Bescheinigung sonstiger Thatsachen, die Gegenstand der Wahrnehmung der Urkundsperson gewesen sind, z. B. die Ausstellung von Lebensattesten;

f) die Aufnahme von Wechselprotesten (Artt. 87 ff WO) und von sonstigen Protesten (§§ 571, 587, 588, 596, 603, 605, 646, 689 HGB, §§ 28, 33, 39, 47, 51 des Binnenschiffahrtsgesetzes vom 15. Juni 1895);

g) die Aufnahme von Vermögensverzeichnissen, insbesondere von Nachlaßinventaren;

h) die auf Abmarkungen (§ 919 BGB — oben § 274 —) bezüglichen Verhandlungen.

Die unter f) erwähnten reichsgesetzlich geregelten Geschäfte sind an anderer Stelle behandelt — vgl. Nachträge Nr. 98 und § 1115 —.

Es gelten für die Urkunden über diese Gegenstände, die nicht Rechtsgeschäfte sind, folgende Vorschriften:

1. a) **Zuständig** für diese Geschäfte sind die Gerichte und die

Notare. Jedoch tritt auf diesem Gebiete daneben mehrfach die Zuständigkeit des **Gerichtsschreibers** (und Gerichtsvollziehers). Der Gerichtsschreiber ist nämlich zuständig für die unter a), b), f) und g) aufgeführten Geschäfte — Beglaubigung von Abschriften usw, Sicherstellung der Zeit der Ausstellung einer Privaturkunde, Wechselprotest, Aufnahme von Vermögensverzeichnissen, insbesondere Nachlaßinventaren, ferner für Siegelungen und Entsiegelungen — (Artt. 31, 35, 36 Pr FGG, §§ 70, 74 AG GVG). Soweit die Gerichtsschreiber (oder Gerichtsvollzieher) auf Antrag der Betheiligten oder zufolge Anordnung des Richters diese Geschäfte vornehmen können, ist das Amtsgericht befugt, die Ausführung eines Geschäfts, um dessen Vornahme es ersucht wird, dem Gerichtsschreiber (oder einem Gerichtsvollzieher) zu übertragen. Einzelnen der gedachten Geschäfte, nämlich Wechselprotesten, Vermögensverzeichnissen und Siegelungen, soll sich der Gerichtsschreiber überhaupt nur auf Anordnung des Richters unterziehen (Art. 38 Pr FGG, § 70 AG GVG). Die Aufnahme eines Vermögensverzeichnisses kann auch einem Notar übertragen werden (Art. 38 Abs. 2 Pr FGG).

b) Zu erwähnen ist hier, daß auf diesem Gebiete auch die Zuständigkeit der **Dorfgerichte** liegt, welchen, im Gebiete des ALR bestehenden, besonderen Gerichten in anderen Landestheilen Gemeinde- und Ortsbehörden (Ortsvorsteher, Ortsgerichte) gleichstehen (Artt. 104, 111, 118, 122, 123 Pr FGG). Zu bemerken ist:

α. Die Dorfgerichte sind gehörig besetzt, wenn neben dem Schulzen zwei Schöffen oder ein Schöffe und ein vereidigter Gerichtsschreiber mitwirken. Die Aufsicht über sie steht in Angelegenheiten der freiwilligen Gerichtsbarkeit dem zuständigen Amtsgericht, d. h. dem Amtsgericht, in dessen Bezirk sie ihren Sitz haben, zu (Art. 104, 110 Pr FGG).

β. Die Dorfgerichte sind insbesondere aa) berufen und können von dem Amtsgericht beauftragt werden, für die Sicherung des Nachlasses (gemäß § 1906 BGB — § 1003 —) Fürsorge zu treffen. Zum Zwecke der Sicherung kann das Dorfgericht insbesondere Siegel anlegen, Geld, Werthpapiere und Kostbarkeiten an sich nehmen und ein Nachlaßverzeichniß aufnehmen, das jedoch nicht als Nachlaßinventar (§ 2004 BGB — § 1014 —) benutzt werden kann. Zur Bestellung eines Nachlaßpflegers ist das Dorfgericht nicht befugt. Von den von ihm ergriffenen Maßregeln hat das Dorfgericht dem Amtsgericht Mittheilung zu machen; an dieses sind Verfügungen von Todeswegen, die sich im Nachlasse befinden, sowie Geld, Werthpapiere und Kostbarkeiten, die das Dorfgericht an sich genommen hat, unverzüglich abzuliefern. Die Abänderung einer Anordnung des Dorfgerichts ist bei dem Amtsgerichte nachzusuchen, welches auch von Amtswegen zur Aenderung einer nicht gerechtfertigten Anordnung desselben befugt ist. Die Abnahme von Siegeln des Dorfgerichts soll in der Regel nur auf Anordnung des Amtsgerichts erfolgen (Artt. 104—107 Pr FGG). — bb) Die Dorfgerichte sind ferner zuständig, Vermögensverzeichnisse, insbesondere Nachlaßinventare, aufzunehmen, sowie freiwillige öffentliche Versteigerungen beweglicher Sachen und öffentliche Verpachtungen an den Meistbietenden vorzunehmen und zu beurkunden. Sie sollen diese Geschäfte nur im Auftrage des Amtsgerichts vornehmen; dieser Auftrag kann aber für die letzteren Geschäfte allgemein ertheilt werden (Artt. 108, 109 Pr FGG). — cc) Für die Aufnahme von Taxen bewendet es bei den bisherigen Vorschriften (AGO II 6 nebst Ergänzungen — vgl. zu § 1037 —).

γ. Für das Verfahren der Dorfgerichte kann der Justizminister allgemeine Bestimmungen treffen (Art. 126 Pr FGG).

2. Ueber das **Verfahren** bei Aufnahme der oben gedachten Urkunden über Gegenstände, die nicht Rechtsgeschäfte sind, gelten folgende Regeln, die aber nur Anwendung finden, soweit nicht die Beurkundung einen Theil eines anderen Verfahrens bildet, das den für dieses geltenden Regeln folgt (Art. 53 Pr FGG):

a) Die **Beurkundung** soll in der Regel (Ausnahmen s. oben § 798) in der Form eines Protokolls erfolgen, das den Ort und den Tag der Verhandlung (bezw. Ausstellung) angeben und mit der Unterschrift des Richters (Gerichtsschreibers) versehen sein muß. Wirken noch andere Personen (Zeugen, Dolmetscher) mit, so sollen auch diese unterschreiben; inwieweit aber das Protokoll den Betheiligten behufs der Genehmigung vorzulesen oder ihnen zur Durchsicht vorzulegen und von ihnen zu unterschreiben ist, bleibt dem Ermessen des Richters (Gerichtsschreibers) überlassen (Artt. 54, 55 Pr FGG).

b) Wie die **Beglaubigung einer Abschrift** zu bewirken ist, ist bereits mitgetheilt — § 822 —. Zu bemerken ist hier nur noch, daß wenn es sich nicht um die Beglaubigung einer in der Verwahrung des Gerichts befindlichen, sondern einer von einem Betheiligten vorgelegten Schrift handelt, Durchstreichungen, Aenderungen, Einschaltungen, Radirungen oder andere Mängel in dem Beglaubigungsvermerk angegeben werden sollen (Art. 58 Pr FGG). — Die **Sicherstellung der Zeit**, zu welcher eine Privaturkunde ausgestellt ist, geschieht durch einen unter die Urkunde zu setzenden Vermerk, in welchem der Richter (Gerichtsschreiber) bezeugt, wann ihm die Urkunde vorgelegt ist. Des Weiteren gilt für den Vermerk die vorerwähnte Vorschrift, betreffend die Angabe der Beschaffenheit der Urkunde (Art. 58 Pr FGG).

c) Die **Urschriften** der in der Form eines Protokolls erfolgten Beurkundungen bleiben in der Verwahrung des Gerichts, während die Beurkundungen, die ohne Aufnahme eines Protokolls geschehen, und Beglaubigungen den Betheiligten in Urschrift ausgehändigt werden; in diesem Falle muß die Urkunde (der Vermerk) mit Siegel oder Stempel versehen sein. — Für die **Ausfertigung** und **Abschriften** gelten dieselben Vorschriften, wie für die Ausfertigung der Beurkundungen von Rechtsgeschäften — oben § 1077 e) —. Eine Ausfertigung oder Abschrift können mangels einer in der Urkunde selbst oder durch Erklärung gegenüber dem Gericht getroffenen abweichenden Bestimmung diejenigen Personen fordern, auf deren Antrag die Urkunde aufgenommen ist. Denselben Personen steht auch die **Einsicht** der Urschrift zu (Art. 61 Pr FGG).

d) Ueber das Verfahren bei der Aufnahme eines **Vermögensverzeichnisses**, insbesondere eines Nachlaßinventars, und über das Verfahren bei der **Siegelung oder Entsiegelung**, sei es, daß sie zur Sicherung eines Nachlasses, sei es, daß sie aus einem anderen Anlaß, insbesondere im Falle der Konkurseröffnung (§ 122 KO — § 658 —) erfolgt, kann der Justizminister allgemeine Bestimmungen treffen (Art. 128 Pr FGG). In Ausführung dieser Ermächtigung

112. — S. 735 unter Z. 6 v. o. einzuschalten:

d) Dem Amtsgerichte liegt unter gewissen Voraussetzungen die **Beeidigung gewisser Personen** ob:

α. Ueber die Beeidigung der zu Verkäufen und Käufen öffentlich ermächtigten **Handelsmäkler** ist oben — Nr. 9 der Nachträge — gehandelt.

β. Wird bei einer Amtshandlung des Notars die Beeidigung eines **Dolmetschers** erforderlich, so erfolgt sie durch das Amtsgericht, in dessen Bezirke der Notar seinen Amtssitz hat oder die Thätigkeit des Dolmetschers stattfinden soll. Jedoch kann sie in dringenden Fällen durch den Notar erfolgen. (Art. 86 Pr FGG).

γ. Das Amtsgericht (daneben der Notar) ist befugt, wenn zur **Wahrnehmung von Rechten im Auslande** die Leistung eines Eides oder eine Versicherung an Eidesstatt erforderlich ist, den Eid oder die Versicherung an Eidesstatt abzunehmen (Art. 34 Abs. 1 Pr FGG); zu vgl. oben § 379.

δ. **Daß in einem bei ihm** anhängigen Verfahren der freiwilligen Gerichtsbarkeit, z. B. im Auseinandersetzungs- oder Vormundschaftsverfahren, der Richter zur eidlichen Vernehmung von Sachverständigen schreiten kann, ergiebt sich aus § 15 FGG — oben § 812 —. In Art. 34 Abs. 2 Pr FGG wird dieser Grundsatz dahin ergänzt, daß das Amtsgericht auch **außerhalb eines bei ihm anhängigen Verfahrens** für einzelne Angelegenheiten einen **Sachverständigen beeidigen** kann, wenn alle bei dieser Angelegenheit betheiligten Personen darauf antragen und die Beeidigung nach dem Ermessen des Gerichts angemessen erscheint.

Sachverständige für gerichtliche Angelegenheiten **im Allgemeinen zu beeidigen**, ist Sache der Justizverwaltung (§ 86 AG GVG nach Art. 130 X Pr FGG); diese Beeidigung erfolgt also bei den Amtsgerichten durch den die Aufsicht führenden Amtsrichter, bei den Landgerichten durch dessen Präsidenten (§§ 77—79 AG GVG).

Nach Art. 81 Pr FGG findet die Leistung des Diensteides der **Notare** vor dem Landgerichtspräsidenten statt. Dieser kann aber das Amtsgericht mit der Abnahme des Eides beauftragen.

113. — S. 738 hinter Z. 13 v. o. einzuschalten:

b) Weiterhin kommen folgende die **Gewährung und Vertheilung der Entschädigung** betreffenden Vorschriften zur Anwendung (Artt. 52, 53, 109 Satz 2 EG BGB, §§ 37, 38, 48, 49 des Enteignungsgesetzes vom 11. Juni 1874, § 8 des Gesetzes, betreffend die Rechte der Strombauverwaltung gegenüber den Uferbesitzern an öffentlichen Flüssen, vom 20. August 1883):

α. aa) Wenn dem Eigenthümer einer Sache wegen der in öffentlichem Interesse erfolgenden Entziehung, Beschädigung, Benutzung oder Beschränkung derselben eine Entschädigung zu gewähren ist, so hat derjenige, dem ein Recht an der Sache zusteht, falls ihm nicht eine besondere Entschädigung gewährt wird, an dem Entschädigungsanspruche des Eigenthümers in dem Umfange der Beeinträchtigung dieselben Rechte, die ihm im Falle des Erlöschens seines Rechts durch Zwangsversteigerung an dem Erlöse zustehen: die Entschädigung **tritt an die Stelle des Pfandes** (§ 1247 BGB, § 92 ZVG — §§ 324, 569 —). Dies gilt auch für die Entschädigung, die auf Grund einer Vereinbarung im Enteignungsverfahren gewährt wird (Art. 35 Abs. 1 AG ZVG).

bb) Ist die Entschädigung dem Eigenthümer eines Grundstücks zu gewähren, so darf die Entschädigungssumme erst gezahlt werden, wenn die Enteignung demjenigen, welchem Rechte an dem Grundstücke zustehen, insbesondere den Hypotheken- (Grundschuld-, Rentenschuld-) Gläubigern **angezeigt** ist und vom Empfange der Anzeige an oder, wenn die Anzeige wegen Unthunlichkeit unterblieben ist, von der Fälligkeit des Entschädigungsanspruchs an, ein Monat verstrichen ist. Bis zum Ablaufe dieser Frist kann ein Berechtigter **Widerspruch** gegen die Zahlung erheben; die Erhebung des Widerspruchs hat die Wirkung, daß der Eigenthümer und jeder Berechtigte die Eröffnung eines **Vertheilungsverfahrens** nach den für die Vertheilung des Erlöses im Falle der Zwangsversteigerung geltenden Vorschriften (§§ 105 ff ZVG — oben §§ 577 ff —) beantragen kann. Die Entschädigungssumme ist in diesem Falle an das für das Vertheilungsverfahren zuständige Gericht (§ 1 ZVG — § 514 —) zu zahlen bezw. zur Verfügung dieses Gerichts zu hinterlegen (vgl. § 1128 BGB).

Unberührt bleiben die landesgesetzlichen Vorschriften, nach welchen der dem Eigenthümer zustehende Entschädigungsanspruch von dem einem Dritten zustehenden Rechte befreit wird, wenn die zuständige Auseinandersetzungsbehörde (Generalkommission) feststellt, daß die Rechtsänderung für die Betheiligten unschädlich ist (Art. 120 Abs. 2 Nr. 3 EG BGB, § 49 des Enteignungsges.) — vgl. § 724 Abs. 3 und die folgenden Bestimmungen.

β. Im Anschluß an diese Vorschriften regelt das AG ZVG in Art. 35 Abs. 2 bis Art. 41 das gerichtliche Vertheilungsverfahren und giebt Bestimmungen über das Vermittelungsverfahren. Die Voraussetzungen und Grundsätze sind folgende:

aa) Wenn nach den Vorschriften unter α bb) die für den Eigenthümer vereinbarte oder durch Beschluß oder Urtheil endgültig festgestellte Entschädigungssumme hinterlegt ist und durch die Zustellung des Enteignungsbeschlusses oder den Abschluß der Vereinbarung die Wirkungen der Enteignung eingetreten sind, so kann sowohl der Eigenthümer als jeder der gedachten Realberechtigten die Eröffnung eines gerichtlichen Vertheilungsverfahrens **beantragen**. Das Verfahren ist aber auf Antrag des Eigenthümers kostenlos **aufzuheben**, wenn es sich nur um die Enteignung eines Theils des Grundbesitzes handelt und der Eigenthümer bis zum Schlusse des ersten Termins nachweist, daß er über die für den enteigneten Theil bestimmte Entschädigungssumme verfügen kann, entweder weil die auf dem gesammten Grundbesitz haftenden Hypotheken-, Grund- und Rentenschulden den fünfzehnfachen Betrag des Grundsteuer-Reinertrages des Restgrundbesitzes nicht übersteigen — wobei Reallasten nach den bei der Zwangsversteigerung geltenden Grundsätzen (vgl. § 121 ZVG —

§ 589 —) zu **Kapital** veranschlagt **werden** —, oder (wenn es sich um nicht eingetragene Reallasten oder um in Fideikommiß-, Stamm- gut,- Lehn- oder Leiheverband stehenden Grundbesitz handelt), weil die Entschädigungssumme den fünffachen Betrag des Grundsteuer-Reinertrages des gesammten Grundbesitzes und auch die Summe von 300 Mark nicht übersteigt (Artt. 35, 36, 40 AG ZVG, § 38 des Enteignungsges.).

bb) Nimmt der Eigenthümer die **Vermittelung der Auseinandersetzungsbehörde** — vgl. *α* bb) Abs. 2 — wegen Auszahlung oder Verwendung der Entschädigungssumme in Anspruch, so ist (Artt. 37, 38, 39, 40 AG ZVG):

αα. wenn die Auseinandersetzungsbehörde, wozu sie verpflichtet ist, dem zuständigen Gerichte davon Mittheilung macht, daß ein Vermittelungsverfahren bei ihr anhängig ist, der Antrag auf Eröffnung des Vertheilungsverfahrens kostenlos **abzulehnen**;

ββ. wenn in einem anhängigen Vertheilungsverfahren das Gericht vor dem Schlusse des ersten Termins von der Einleitung eines Vermittelungsverfahrens Kenntniß erlangt oder der Eigenthümer vor dem Schlusse des ersten Termins die Bestimmung einer Frist nachsucht und vor deren Ablauf die Einleitung des Vermittelungsverfahrens zur Kenntniß des Gerichts bringt, das Vertheilungsverfahren **einstweilen einzustellen** und, wenn es mit der vollständigen Freigabe oder der Vertheilung der Entschädigungssumme endigt, kostenlos **aufzuheben**; — endlich

γγ. umgekehrt, wenn das Gericht erst nach dem Schlusse des ersten Termins oder nach Ablauf der unter *ββ* bezeichneten Frist Kenntniß von der Einleitung des Vermittelungsverfahrens erlangt, dieses auf die Mittheilung des Gerichts von der Auseinandersetzungsbehörde aufzuheben.

cc) Auf das **Vertheilungsverfahren** finden die für die Vertheilung des Erlöses im Falle der Zwangsversteigerung geltenden Vorschriften in §§ 105 ff ZVG — oben §§ 577 ff — entsprechende Anwendung.*) Zu diesen Vorschriften gehören auch die Bestimmungen über die Herbeiführung der erforderlichen Eintragungen in das Grundbuch, sowie über das Aufgebot und das weitere Vertheilungsverfahren (§§ 130, 131, 135 bis 142 ZVG — §§ 597, 599 ff —). Die Zuständigkeit für das Verfahren bestimmt sich nach §§ 1 und 2 ZVG

---

*) Wenn die Zwangsversteigerung des enteigneten Grundstücks angeordnet ist, kann das Vertheilungsverfahren in der Enteignung mit dem bei der Zwangsversteigerung stattfindenden **verbunden** werden (Art. 41 Abs. 2 AG ZVG).

— §§ 514, 516 —. Als **besondere Vorschriften** sind folgende zu merken (Art. 41 AG ZVG):

αα. Als **Betheiligte** (vgl. § 9 ZVG — § 521 —) gelten der Eigenthümer, diejenigen, für welche zur Zeit des Ueberganges des Eigenthums auf den Unternehmer eine Reallast, Hypothek, Grundschuld oder Rentenschuld im Grundbuch eingetragen oder durch Eintragung gesichert sind, sowie diejenigen, welche ein solches Recht bei der Enteignungsbehörde angemeldet haben oder bei dem Vertheilungsgericht anmelden und auf Verlangen des Gerichts oder eines Betheiligten glaubhaft machen.

ββ. Für die Berechnung der laufenden Beträge und der Rückstände von wiederkehrenden Leistungen (vgl. § 13 ZVG — § 523 dd) —) tritt **an die Stelle der Beschlagnahme** die **Zustellung des Beschlusses**, durch den das Vertheilungsverfahren eröffnet wird.

γγ. Das Vertheilungsgericht hat bei der Eröffnung des Verfahrens das **Grundbuchamt** um Ertheilung einer beglaubigten Abschrift des Grundbuchblatts und der Urkunden, auf welche im Grundbuche Bezug genommen wird, um Bezeichnung der bei ihm bestellten Zustellungsbevollmächtigten und Nachricht darüber, was über Wohnort und Wohnung der eingetragenen Betheiligten und deren Vertreter bekannt ist (vgl. § 19 Abs. 2 ZVG — § 530 c) —), zu ersuchen. In die beglaubigte Abschrift des Grundbuchblatts sind die zur Zeit des Uebergangs des Eigenthums auf den Unternehmer vorhandenen Eintragungen, sowie die später eingetragenen Veränderungen und Löschungen aufzunehmen. Denn um als Grundlage des Vertheilungsverfahrens dienen zu können, müssen die betreffenden Eintragungen in die beglaubigte Abschrift aufgenommen werden, wenngleich sie im Grundbuch vielleicht schon auf Antrag des Unternehmers (gemäß §§ 27, 22 Abs. 1 GBO — § 728 —) gelöscht sind.

113a. — S. 740 Z. 14 v. o. hinter (§ 806 BGB) zuzusetzen: durch die Landesgesetzgebung aber verpflichtet werden kann, wie dies in Preußen durch Art. 18 AG BGB geschehen ist.

114. — S. 742 Z. 9—11 v. o. zu fassen: Die durch das BGB erforderlich gewordenen Aenderungen der Hinterlegungsordnung sind durch Art. 84 AG BGB getroffen. Der folgenden Darstellung liegt die Hinterlegungsordnung in der Fassung, die sie danach erhalten hat, zu Grunde. Hinsichtlich der Voraussetzungen und Grundsätze ist Folgendes zu bemerken:

115. — S. 745 Z. 20, 21 zu ersetzen wie folgt:

aa) Bei der Hinterlegung zum Zwecke der Befreiung von einer Verbindlichkeit — oben 2 b) — ist in der Hinterlegungserklärung der Gläubiger, für welchen die Hinterlegung erfolgt, zu bezeichnen oder anzugeben, in Folge welcher Umstände der Schuldner seine Verbindlichkeit nicht oder nicht mit Sicherheit erfüllen kann. Macht der Schuldner das Recht des Gläubigers zum Empfange des hinterlegten Geldes von der Bewirkung einer Gegenleistung abhängig, so ist dies unter Bezeichnung der Gegenleistung in der Erklärung anzugeben. Die Hinterlegungsstelle hat den Schuldner unter Bezugnahme auf die Vorschrift des § 382 BGB — oben 2 a) β ee) — zu dem Nachweis aufzufordern, daß und wann der Gläubiger die in § 374 Abs. 2 BGB — oben 2 a) β cc) — vorgeschriebene Anzeige von der Hinterlegung empfangen hat. Wird der Nachweis nicht vor dem Ablaufe von drei Monaten nach der Aufforderung geführt, so ist die Hinterlegungsstelle ermächtigt, im Namen und auf Kosten des Schuldners dem Gläubiger die Anzeige zu machen; die Aufforderung muß einen Hinweis auf diese Rechtsfolge enthalten (§ 18 HinterlO).

bb) Das Gesuch um Auszahlung darf nicht zurückgewiesen werden:

1) wenn durch rechtskräftige (also nicht blos vorläufig vollstreckbare) Entscheidung die Berechtigung zur Empfangnahme festgestellt oder die Auszahlung von der zuständigen Behörde angeordnet ist;

2) wenn der Antrag auf eine von der zuständigen Behörde auf die Hinterlegungsstelle ausgestellte Anweisung sich gründet;

3) wenn die Auszahlung durch Erklärung sämmtlicher Betheiligten bewilligt ist.

In den Fällen 1) und 2) ist die Zuständigkeit nicht zu prüfen, wenn die Anordnung oder Anweisung von einem **Gerichte** ausgeht (§ 30 HinterlO).

116.—S. 746 Z. 1 ff v. o. zu fassen wie folgt: Da nach § 1814 BGB der **Vormund**, falls er nicht aus besonderen Gründen davon entbunden ist (§ 1817 BGB), **gesetzlich** zur Hinterlegung der zum Vermögen des Mündels gehörenden Inhaberpapiere (mit Ausnahme von Zins-, Renten- und Gewinnantheilscheinen) nebst den Erneuerungsscheinen verpflichtet ist, so ist im Allgemeinen eine Anordnung des Vormundschaftsgerichts nicht erforderlich. Die Hinterlegung usw.

117.—S. 746 Z. 18—10 v. u. zu ersetzen wie folgt: Dagegen geschieht die Hinterlegung **auf Anordnung** des Vormundschaftsgerichts in folgenden Fällen (§§ 48, 52 HinterlO):

1) wenn nach der Bestallung der Vormund zur Hinterlegung nicht verpflichtet ist (§ 1817 BGB);

2) wenn Zins-, Renten- oder Gewinnantheilscheine oder Kostbarkeiten hinterlegt werden sollen (§ 1818 BGB);

3) wenn **Werthpapiere oder Kostbarkeiten eines unter elterlicher Gewalt stehenden Kindes wegen Gefährdung des Vermögens von dem Vater oder der Mutter hinterlegt werden sollen (§§ 1667, 1686 BGB).**

118. — S. 751 Z. 15 ff v. o. erhalten folgende Fassung:

2. a) Die Annahme zur vorläufigen Verwahrung und die Herausgabe aus derselben erfolgt auf **Anordnung des Amtsgerichts** (§ 71 HinterlO). Die Verwahrung erfolgt, wenn nicht in dem die Entscheidung enthaltenden Urtheil oder Beschluß oder durch eine nachträgliche Anordnung ein anderes Amtsgericht ausdrücklich bestimmt ist:

α. in Civilprozeßsachen bei dem Amtsgericht, welches als Vollstreckungsgericht zuständig ist, oder in Ermangelung eines Vollstreckungsgerichts bei dem Amtsgericht, welches die Entscheidung erlassen hat, oder in dessen Bezirk das Gericht, von dem die Entscheidung erlassen ist, seinen Sitz hat;

β. in Strafprozeßsachen bei dem Amtsgericht, welches die Entscheidung erlassen hat, oder in dessen Bezirk die Behörde, von welcher die Entscheidung erlassen ist, ihren Sitz hat;

γ. in anderen Angelegenheiten bei dem für dieselben zuständigen Amtsgericht, oder bei dem Amtsgericht, in dessen Bezirk das für die Angelegenheit zuständige Gericht seinen Sitz hat (§ 76 HinterlO).

b) Das Gesuch, das den für die Hinterlegungserklärung vorgeschriebenen Inhalt (§§ 14, 40 HinterlO) haben muß, ist nach einem vorgeschriebenen Formular schriftlich in zwei Exemplaren einzureichen oder zum Protokoll des Gerichtsschreibers anzubringen. Liegt dem Antrage eine Entscheidung oder Anordnung der für die Angelegenheit zuständigen Behörde zu Grunde, so ist eine Ausfertigung oder Abschrift davon beizufügen. Wird die Verwahrung von dem Schuldner zum Zwecke der Befreiung von seiner Verbindlichkeit nachgesucht, so finden die für die Hinterlegung geltenden Vorschriften (§ 18 Abs. 1, 2 HinterlO — vgl. Nr. 115 der Nachträge —) entsprechende Anwendung. Ueber die Annahme ist auf dem einen Exemplar des Gesuchs oder auf einer Abschrift des Protokolls sofort eine Bescheinigung zu ertheilen, die von den Verwahrungsbeamten (dem Amtsrichter und Gerichtsschreiber oder bei den vom Justizminister bezeichneten Gerichten von den beiden beauftragten Gerichtsschreibern) zu unterschreiben und mit dem Gerichtssiegel zu versehen ist (§§ 77, 78, 80 HinterlO).

c) Die vorläufig zu verwahrenden Gegenstände werden unter gemeinschaftlichem Verschluß der beiden Verwahrungsbeamten (vgl. unter b) aufbewahrt, Geld ohne Vermischung mit anderem Gelde.

Die Annahme und Herausgabe ist von den Verwahrungsbeamten gemeinschaftlich zu bewirken; bei der Buchführung sind die Vermerke von beiden zu unterschreiben (§§ 79, 80, 81 HinterlO).

d) Das Amtsgericht **kann** jederzeit die Hinterlegung der Gegenstände **bei der Hinterlegungsstelle** bewirken; es **muß** sie bewirken, wenn nach seinem Ermessen anzunehmen ist, daß die Herausgabe nicht binnen **sechs Monaten** (früher sechs Wochen) erfolgen werde (§ 82 HinterlO).

Der Sendung an die Hinterlegungsstelle ist beizufügen (§ 83 HinterlO):

α. wenn das Gericht den Gegenstand von Amtswegen in seinen Gewahrsam genommen hat, eine von dem Gerichte auszustellende Hinterlegungserklärung mit dem gewöhnlichen Inhalt (§§ 14, 40 HinterlO) und, wenn es sachgemäß erscheint, eine Abschrift der Entscheidung oder Anordnung, auf Grund deren die Hinterleguug erfolgt;

β. in den übrigen Fällen das zurückbehaltene Exemplar des Gesuchs oder das Protokoll — vgl. oben b) — unter Beifügung der Ausfertigung oder Abschrift der Entscheidung oder Anordnung.

Die Hinterlegungsstelle hat der als Hinterleger oder als Vertreter des Hinterlegers bezeichneten Person eine Bescheinigung über die erfolgte Hinterlegung zu ertheilen und dem Amtsgericht eine Abschrift dieser Bescheinigung mitzutheilen.

e) Die Herausgabe aus der vorläufigen Verwahrung an den Empfangsberechtigten erfolgt unmittelbar bei dem Amtsgericht oder mittels Uebersendung durch die Post nach Vorschrift der §§ 25, 26, 43, 45 HinterlO (§ 85 HinterlO).

— Wegen der Beschwerde gelten die allgemeinen Vorschriften (Artt. 3 ff PrFGG — oben § 819 —).

Nähere Vorschriften über das Verfahren enthalten die §§ 1 bis 13 usw.

119. — S. 752 Z. 11—14 zu fassen wie folgt: Für das Verfahren gelten folgende besondere Vorschriften (§ 87 a HinterlO): a) Das Gesuch um Annahme oder Herausgabe der Urkunden kann **zum Protokoll des Gerichtsschreibers** angebracht werden; — b) bei Urkunden, die nicht Werthpapiere sind, findet ein **Aufgebot** zum Zwecke der Ausschließung der Betheiligten **nicht statt**. Das Recht auf die Rückgabe erlischt mit dem Zeitpunkte, in welchem bei Werthpapieren der Aufgebotsantrag zulässig werden würde; die Urkunden sind zu vernichten.

120. — S. 756 unter Z. 18 v. o. einzuschalten:

2. Dagegen ist, soweit es nach den Vorschriften des BGB zulässig war, durch das AG BGB die **Familienstiftung** geregelt. Es gelten darüber folgende (an die Vorschriften in §§ 1 ff ALR II 4 und in dem Gesetze vom 15. Februar 1840 sich anschließenden) Bestimmungen, von denen die unter c) aber nur Anwendung finden, sofern die Stiftungsurkunde oder ein Familienschluß nichts Anderes bestimmen (Art. 1 § 14 AG BGB):

a) **Begriff.** Eine Familienstiftung ist eine Stiftung, die nach der Stiftungsurkunde ausschließlich dem Interesse der Mitglieder einer bestimmten Familie oder mehrerer bestimmten Familien dient (Art. 1 AG BGB). Durch diese Bestimmung werden Stiftungen, bei denen für den Fall des Aussterbens der genußberechtigten Familien eine anderweitige Verwendung des Stiftungsvermögens vorgesehen ist, von dem Begriffe nicht ausgeschlossen.

b) **Genehmigung.** Wie jede Stiftung bedarf die Familienstiftung der staatlichen Genehmigung. Für die Ertheilung dieser Genehmigung ist **zuständig** das Amtsgericht, in dessen Bezirke die Stiftung ihren Sitz haben soll. Wenn aber durch den Justizminister (gemäß § 29 AG GVG — unter 1 —) die Verwaltung und Aufsicht einem Landgericht oder Oberlandesgericht übertragen ist, so ist dieses auch für die Genehmigung zuständig (Art. 1 AG BGB). Vor der Ertheilung ist die Stiftungsurkunde zu prüfen. Nöthigenfalls ist die Genehmigung zu versagen. Gegen die Entscheidung ist sofortige Beschwerde zulässig (Art. 1 § 2 AG BGB).

c) **Verfassung — Familienschluß.**

Wie bei anderen Stiftungen wird die Verfassung der Familienstiftung durch die gesetzlichen Vorschriften (§§ 85, 86 BGB — § 1136 —) und durch die Stiftungsurkunde bestimmt. Während aber bei anderen Stiftungen außer der Vorschrift in § 87 BGB — vgl. oben § 1137 — keine allgemeinen Bestimmungen bestehen, ist für die Familienstiftungen durch besondere Vorschriften neben der nach der gedachten Vorschrift zuständigen Behörde den stiftungsberechtigten Familienmitgliedern eine erhebliche Einwirkung eingeräumt. Diese bethätigt sich durch den **Familienschluß**, durch den sowohl die Verfassung geändert, als die Stiftung aufgehoben werden kann.

α. Ein solcher Familienschluß, der mangels abweichender Bestimmung in der Stiftungsurkunde einstimmig gefaßt werden muß, bedarf der **Aufnahme** und der **Genehmigung** durch das Gericht, dem die Verwaltung oder die Aufsicht der Stiftung zusteht, also durch das Amtsgericht, in dessen Bezirk die Stiftung ihren Sitz hat, zutreffendenfalls — vgl. unter a) — durch das Landgericht oder Oberlandesgericht (Art. 2 §§ 1, 3 AG BGB). Die Genehmigung ist zu ertheilen, wenn den folgenden unter β und γ erörterten Vorschriften genügt, insbesondere die unter β erwähnte Frist von 302 Tagen abgelaufen ist (Art. 2 § 13 AG BGB).

β. Zu der **Errichtung** des Familienschlusses müssen **alle** Familienmitglieder **zugezogen** werden, die entweder ihren Wohnsitz innerhalb des Deutschen Reichs haben oder zur Wahrnehmung ihrer Rechte in den Stiftungsangelegenheiten einen innerhalb des Deutschen Reichs wohnhaften Bevollmächtigten bestellt und die Bevollmächtigung durch eine öffentliche oder öffentlich beglaubigte Urkunde dem Vorstand oder dem Gerichte nachgewiesen haben. Kinder werden nicht durch ihre Eltern von der Zuziehung ausgeschlossen. Für ein geschäftsunfähiges oder in der Geschäftsfähigkeit beschränktes Familienmitglied ist sein gesetzlicher Vertreter zuzuziehen, der zu einer **zustimmenden** Erklärung, die er Namens eines solchen Familienmitgliedes abgiebt, der **Genehmigung des Vormundschaftsgerichts** bedarf. Außerdem ist ein gesetzlicher Vertreter zuzuziehen für solche Familienmitglieder, die vor dem Ablaufe des 302. Tages nach dem Tage geboren werden, an welchem ihr Vater und, wenn die Mutter bei der Familienstiftung für ihre Person betheiligt ist, auch diese die Zustimmung zu dem Familienschlusse erklärt haben. Die später geborenen Familienmitglieder müssen den Familienschluß anerkennen.

Wenn die Vertreter (Vormünder, Pfleger, Inhaber der elterlichen Gewalt) unter verschiedenen Vormundschaftsgerichten stehen oder von verschiedenen Vormundschaftsgerichten zu bestellen wären, so kann auf Antrag des Vorstandes der Stiftung der Justizminister einem Vormundschaftsgericht die Bestellung eines gemeinsamen Vertreters und die Genehmigung der Erklärung des Vertreters übertragen, soweit die Interessen der betheiligten Familienmitglieder nicht im Gegensatze zu einander stehen (Art. 2 §§ 4—6 AG BGB).

γ. **Verfahren** (Art. 2 §§ 7—12).

aa) Soll ein Familienschluß errichtet werden, so hat der Vorstand das **Gesuch** um Aufnahme an das Amtsgericht zu richten; mit dem Gesuche ist ein Entwurf des Familienschlusses und ein Verzeichniß der zuzuziehenden Familienmitglieder einzureichen. Bestehen gegen den Entwurf keine Bedenken oder sind die erhobenen Bedenken erledigt, so hat das Gericht einen Termin zur Aufnahme der Urkunde über den Familienschluß zu bestimmen, zu dem der Vorstand und die in dem Verzeichniß Angeführten oder deren Vertreter geladen werden.

bb) Zur **Theilnahme** an der Errichtung ist **berechtigt**, einmal wer seine Zugehörigkeit zu der berufenen **Familie durch** öffentliche Urkunden nachweist, — sodann wer von den im Termine erschienenen Berechtigten und dem Vorstande als berechtigt anerkannt wird.

Im Allgemeinen genügt die eidesstattliche Versicherung des Vorstandes, daß ihm außer den angezeigten andere stiftungsberechtigte Mitglieder der Familie nicht bekannt sind, um den Kreis der zur Theilnahme Berufenen festzustellen. Liegt aber ein Grund zu der Annahme vor, daß noch andere nach den Vorschriften unter *β* zuzuziehende Familienmitglieder vorhanden seien, so darf die Genehmigung des Familienschlusses nicht erfolgen, bevor die Familienmitglieder, deren Leben oder Aufenthalt unbekannt ist, im Wege des Aufgebotsverfahrens — vgl. darüber Nr. 20 der Nachträge — mit ihrem Widerspruchsrecht ausgeschlossen sind.

cc) Wer, ohne zu den unter bb) aufgeführten Personen zu gehören, die **Berechtigung in Anspruch nimmt,** ist von dem Gerichte aufzufordern, binnen drei Monaten von der Zustellung der Aufforderung an gerechnet seine Berechtigung oder die Erhebung der Klage gegen diejenigen, welche die Berechtigung bestreiten, nachzuweisen, widrigenfalls der ohne seine Zuziehung errichtete Familienschluß für ihn verbindlich sein werde. Vor Ablauf der dreimonatlichen Frist und im Falle der Klageerhebung vor rechtskräftiger Entscheidung über die Berechtigung darf die Genehmigung des Familienschlusses nicht erfolgen.

dd) Die Zustimmung zu dem Familienschlusse ist in dem zur Aufnahme bestimmten Termine oder in einer öffentlichen oder öffentlich beglaubigten Urkunde zu erklären. Wenn ein nach den Vorschriften unter *β* zuzuziehendes Familienmitglied oder sein Vertreter auf die Aufforderung des Vorstandes der Stiftung eine Erklärung über den zu errichtenden Familienschluß nicht abgiebt, so ist er auf Antrag des Vorstandes von dem Gerichte unter Mittheilung des Entwurfs des Familienschlusses zu dem unter aa) bezeichneten oder einem besonderen Termine mit dem Hinweise zu laden, daß er als dem Familienschlusse zustimmend angesehen werden würde, wenn er nicht spätestens im Termine dem Gerichte gegenüber seinen Widerspruch erkläre.

121. S. **793** unter Z. 19 v. o. einzuschalten:

d) durch Entscheidung des Bezirksausschusses im Verwaltungsstreitverfahren auf Antrag des Regierungspräsidenten. In diesem

Falle hat der Regierungspräsident von der Auflösung dem Registergerichte Mittheilung zu machen (Art. 4 AG HGB).

122. — S. 856 Z. 13—18 zu fassen wie folgt: In Preußen ist dem Justizminister die Befugniß ertheilt, über die Einrichtung und Führung der Register nähere Bestimmungen zu treffen (Art. 29 Abs. 1 Pr FGG). Da die in Betracht kommenden Vorschriften aus diesen Bestimmungen bei der Darstellung im ersten Kapitel berücksichtigt sind, so wird im Folgenden nur eine kurze wiederholende Uebersicht der hinsichtlich der einzelnen Register geltenden Ausführungsbestimmungen gegeben. Es betreffen:

α. das Handelsregister die Allg. Verfgg. vom . . . . 1899 (JMBl S.   ).

β. das Genossenschaftsregister die Bekanntmachung betr. die Führung des Genossenschaftsregisters vom 1. Juli 1899 (RGBl S. 347) und die Allg. Verf. vom . . . . 1899 (JMBl S.   ).

123. — S. 868 Z. 8—17 v. o. zu ersetzen wie folgt: Das erstere ist geregelt durch das Gesetz, betreffend das Flaggenrecht der Kauffahrteischiffe, vom 22. Juni 1899 (RGBl S. 319).

Z. 23 v. o.: Zu a) in der Allg. Verfügung vom . . . . 1899 betr. die Führung des Schiffsregisters nach dem Gesetze vom 22. Juni 1899 (JMBl S.   ).

124. — S. 884 unter der letzten Zeile zuzusetzen:

η. **Kosten.** Ueber die Verpflichtung zur Tragung der Kosten, die durch eine gerichtliche Verhandlung über die Bestätigung der Dispache entstehen, entscheidet das Gericht, vor dem die Verhandlung stattfindet, jedoch nur, wenn einer der an dem Verfahren Betheiligten es beantragt. Die Kosten sind, wenn nicht nach Vorschrift des Art. 9 Pr FGG — oben Nr. 69 der Nachträge — dem einen oder anderen Betheiligten durch Versäumniß oder sonstiges Verhalten entstandene Kosten allein zur Last fallen, von den an dem Verfahren Betheiligten in dem Verhältnisse zu tragen, in welchem sie zu dem Havereischaden beizutragen haben. Wenn die Umstände es rechtfertigen, können die den einzelnen Betheiligten entstandenen Kosten gegeneinander aufgehoben werden. Soweit aber die Betheiligten eine abweichende Vereinbarung treffen, ist diese maßgebend.

Daß der Antrag auf Kostenentscheidung vor dem Bestätigungsbeschlusse gestellt wird, ist nicht erforderlich; vielmehr kann die Entscheidung auch noch nach der Beendigung des Verfahrens beantragt werden. Für die Vollstreckung der Kostenentscheidung gelten dieselben

Vorschriften wie für die Vollstreckung der Dispache selbst — ζ bb) — (Art. 30 Pr FGG).

Schließlich ist noch zu bemerken:

I. An die Stelle der Geschäftsordnung für die Gerichtsschreibereien der Amtsgerichte vom 14. Dezember 1896 ist die vom . . . . 1899 (JMBl S.) getreten. Die Paragraphenzahl der neuen Geschäftsordnung entspricht der der alten. Es ist daher an den Stellen, wo auf die alte Geschäftsordnung hingewiesen ist (S. 150, 239, 305, 396, 442, 445, 447, 449, 543, 644, 705, 720, 733, 736, 737, 738, 751, 756) jetzt die neue Geschäftsordnung zu verstehen.

II. Zu den Bestimmungen über Zustellungen im Auslande (S. 169) und im Auslande zu erledigende Ersuchen (S. 183), über Sicherheitsleistung (S. 210), Armenrecht (S. 211, 212) und Personalhaft (S. 267) ist das Abkommen zur Regelung von Fragen des internationalen Privatrechts, vom 14. November 1896 (RGBl 1899 S. 285) zu vergleichen.

Die bemerkenswerthesten Bestimmungen sind:

Art. 11. Treten Angehörige eines der Vertragsstaaten in einem anderen dieser Staaten als Kläger oder Intervenienten vor Gericht auf, so darf, sofern sie in irgend einem der Vertragsstaaten ihren Wohnsitz haben, ihnen wegen ihrer Eigenschaft als Ausländer oder deswegen, weil sie keinen Wohnsitz oder Aufenthalt im Inlande haben, eine Sicherheitsleistung oder Hinterlegung, unter welcher Benennung es auch sei, nicht auferlegt werden.

Art. 14. Die Angehörigen eines jeden der Vertragsstaaten werden in allen anderen Vertragsstaaten unter denselben gesetzlichen Bedingungen und Voraussetzungen zum Armenrechte zugelassen, wie die Angehörigen des Staates, in dessen Gebiete die Bewilligung des Armenrechtes nachgesucht wird.

Das Abkommen ist getroffen zwischen dem Deutschen Reiche und folgenden Ländern: Belgien, Dänemark, Frankreich, Italien, Luxemburg, Niederlande, Oesterreich-Ungarn, Portugal, Rumänien, Rußland, Schweden-Norwegen, Schweiz und Spanien.

II. Sachregister.

Die Zahlen bezeichnen die Seiten. Die Seitenzahlen des Nachtrags sind mit einem * (Sternchen) versehen.

A.

Aberntung gepfändeter Früchte 261.
Abfassung des Urtheils 189.
Abfindung des geschiedenen Ehegatten 641 — der Kinder 610.
Abgabe der Vormundschaft an ein anderes Gericht 538.
Abkömmlinge, Erbrecht 651 — Pflichttheilsrecht und Enterbung 679, 683.
Abkürzung von Fristen 31.
Ablehnung, Annahme unter anderen Bedingungen gilt als A. 21.
Ablehnung von Gerichtspersonen 161, 521 — der Vormundschaft 547.
Abmarkung 118, 50*.
Abrechnung 20, 102.
Abschlagsvertheilung 415.
Abschlagszahlung 29.
Abschluß des Vertrages 21, 45 ff.
Abschriften 192, 533, 669, 722 (Testament).
Absonderung 389.
Abtretung einer Forderung (Hypothek usw) s. Uebertragung — A. der Rechte aus dem Meistgebot 337.
Abwesende, Willenserklärung gegenüber A. 15, 33.
Abwesenheitspflegschaft 574.
Abzahlungsgeschäft 39.
Acht Tage — volle acht Tage oder eine Woche? 26.
Adoption s. Annahme an Kindesstatt.
Aftermiethe s. Untermiethe.
Agent s. Handlungsagent.
Akten 192, 533 (insbes. Einsicht).
Aktiengesellschaft, Anmeldung, Begriff, Eintragung usw 774 - Gerichtsstand 157 — Konkurs 425.
Aktivmasse bei der Erbtheilung 678 — im Konkurse 407.
Alimentationspflicht usw s. Unterhaltspflicht.
Allgemeine Gütergemeinschaft 630, 691.
Alluvion s. Anlandung.
Altentheil 468, 696, 4*.
Alter 9, 26.
Alternativobligation s. Wahlverbindlichkeit.
Amtsblatt, das für öffentliche Bekanntmachungen bestimmte Blatt 169, 323, 394, 395, 441, 519, 535, 642, 705, 758.
Amtsgericht, Zuständigkeit 155, 306.
Amtshandlungen 73, 108.
Amtsvergehen usw 100.
Analphabeten (Schreibensunfähige und Schreibensunkundige) 708, 719.
Aneignung, Eigenthumserwerbsart 124.
Anerbenrecht 5, 518.
Anerkenntniß als selbständiger Verpflichtungsgrund 102 — unterbricht Verjährung 28 — öffentlich beglaubigtes Anerkenntniß 52.
Anerkennung eines unehelichen Kindes 600 — von Verträgen s. Verlautbarung.

Anfall der Erbschaft 655.
Anfang einer Frist oder eines Termins 26, eines Monats 27.
Anfangstermin 23.
Anfechtung von Rechtshandlungen 439 — der Vorschußberechnung im Konkurse der Genossenschaft 431.
Anfechtungsklage im Aufgebotsverfahren 277 — im Entmündigungsverfahren 231.
Angebot gegenüber Abwesenden 21 f. Antrag.
Angewiesener, Rechte und Pflichten 103, 104.
Anheftung an die Gerichtstafel 169, 323, 395.
Anhörung von Verwandten usw in Vormundschaftsangelegenheiten 558.
Anlagen auf Nachbargrundstücken 116.
Anlegung von Mündelgeld 552, 36*, 37*.
Anmeldung zu den Handels- usw Registern 759, 812, 837, 845 — der Konkursforderungen 410.
Anmeldefrist 410.
Annahme an Kindesstatt 605.
Annahme des Antrages bei An- und Abwesenden, unter Erweiterungen, Einschränkungen 2c., verspätete Annahme 21 — vorbehaltlose Annahme 58.
Annahme der Erbschaft 655.
Annahme des Amts als Testamentsvollstrecker 647.
Annahme von Testamenten 715.
Annahmeverzug 38, 39, 40, 42.
Anrechnung einer Leistung bei mehreren Verbindlichkeiten 51 — A. des Vorbesitzers bei der Ersitzung 121.
Anspruch, Begriff 27 — Verjährung 27.
Anstaltsvormundschaft 544.
Ansteckende Krankheiten, Testament bei solchen 725.
Antheilshypothek 477.
Antichretischer Pfandvertrag 138.
Antrag, Bindung aus dem Antrag 21.
Anträge zum Protokoll des Gerichtsschreibers 193, 533, 758.
Antragsprinzip in Grundbuchsachen 460.
Antragsteller, bestberechtigter im Zwangsversteigerungsverfahren 325.
Anweisung 103 — auf das Kaufgeld in der Zwangsversteigerung 348.
Anwesenheit, gleichzeitige, beider Betheiligten 19, 702 — bei der Testamentsaufnahme 716.
Anzeige bei der Abtretung einer Forderung 53 — der Mängel beim Kauf 60.
Anzeigepflicht in Vormundschaftssachen 539 — bei Todesfällen 40*.
Arbeiter und Arbeitgeber, Klagen derselben 156.
Armenanstalten, Erbrecht 655.
Armenrecht 211, 526.
Armuthszeugniß 212.
Arrest 267 — Arresthypothek 495.
Aszendenten, Erbrecht 652 — Pflichttheilsrecht und Enterbung 680, 683.
Aufbewahrung des Testaments 719.
Aufenthalt, Gerichtsstand des A. 158.
Aufgebotsverfahren 273.
Aufgebote: Familienstiftungs-Interessenten 11* — Fundsachen 278 — Gesammtgutsgläubiger 287 — Grundstücke 283, 21* — hinterlegte Gelder usw 301 — Hypotheken usw Posten 284 und Urkunden 291 — Karten, Marken usw 302 — Kaufgeldantheile 301 — Kuxscheine 12*, Nachlaßgläubiger 287 — Reallast 287 — Schiffsgläubiger 290 — Schiffspfandrecht 287 — Sparkassenbücher 291 — zum Zwecke der Todeserklärung 278 — Urkunden überhaupt 291 — Vormerkung, Verkaufsrechte 287.
Aufhebung des Konkursverfahrens 418, 422 — der Gütergemeinschaft 633 — des Testaments 720.
Auflage 644, 650.
Auflassung 23, 476.
Auflösende Bedingung 22.
Aufnahme gerichtlicher Verhandlungen überhaupt 525 — von Testamenten 711 — von Verträgen und Willenserklärungen 698, 704, 50*.
Aufrechnung 23, 29, 65, 391 — der Prozeßkosten 203.

Aufrechterhaltung der Ordnung 151, 522.
Aufschiebende Bedingung 22.
Aufsicht über Stiftungen 752 — des Vormundschaftsgerichts 559.
Aufschrift des Testaments 719.
Aufsuchung, Rechte des Besitzers 114.
Auftrag 88.
Aufwendungen, Ersatz 42.
Augenschein 181.
Ausbeute 14.
Auseinandersetzung zwischen Ehegatten bei Scheidung der Ehe 640 — nach Aufhebung des Güterstandes 627, 690 — nach Auflösung der Gütergemeinschaft 691, 697 — der fortgesetzten Gütergemeinschaft 693 — bei der Gesellschaft 97 — unter Miterben 676 — vor Notar 42*.
Ausfertigungen 192, 533, 679, 710, 722, 46* — vollstreckbare 244.
Ausgleichung (Kollation) 679.
Aushang des Urtheils 191.
Auskunftsertheilung 45.
Auslagen, Erstattung 31, 87.
Ausland, Beweisaufnahme 183, 188 — Zustellung 169.
Auslegung der Willenserklärung 20.
Auslobung 87.
Ausscheiden eines Gesellschafters 97, 770 — eines Genossen 825.
Ausschlagung der Erbschaft 655.
Ausschlagungsfrist 655.
Ausschließung eines Gesellschafters 97, 772 — eines Genossen 825 — der Gerichtspersonen 161, 520 — der Gütergemeinschaft 629, 636, 852.
Ausschluß der Oeffentlichkeit 150, 524.
Ausschlußurtheil 276.
Aussonderung 388.
Ausstattung 587.
Aussteuer 587.
Austritt aus der Kirche usw 736.
Außergerichtliche letztwillige Verordnungen 714, 725.
Außerkurssetzung von Werthpapieren 739.
Auszug aus dem Steuerbuch 315, 445 — aus dem Verwahrungsbuch 751, 720.
Auszugsvertrag 696, 4*.
Auszug aus den Akten 192.
Auszug der Urtheile 192 — der Verhandlungen 710.
Auszugsleistungen 33, 134.
Auszugsweise Ausfertigung 710, 47*.
Avulsion, Eigenthumserwerbsart 479.

B.

Baargebot 327.
Bahneinheit 374 — Zwangsversteigerung 375.
Bahngrundbuch 511.
Bau auf fremdem Boden 117.
Baufällige Gebäude, Zwangsversteigerung 386.
Baum an der Grenze 117, auf der Grenze 119 — Früchte und Zweige desselben 117.
Baurecht (superficies) s. Erbbaurecht.
Baurechtliche Bestimmungen 6* ff.
Bauwerke 73, 84.
Beamter, Abtretung seiner Gehaltsansprüche 54 — Haftung für Versehen 108 — Kündigung bei Versetzung 68 — Rechtsverhältnisse 73 — als Zeuge (Sachverständiger) 173 — Erlaubniß zur Uebernahme der Vormundschaft 548, 36*.
Bedingung 22.
Bedingte Forderungen im Konkurse 415, 417 — in der Zwangsversteigerung 326, 349.
Beendigung der väterlichen Gewalt 595 — der Vormundschaft 567.
Befreite Vormundschaft 564.
Befreiung von Ehehindernissen 613.
Befriedigung der Gläubiger 325, 413.
Befristung 23.
Beginn der Zwangsvollstreckung 249, 314.
Beglaubigung, öffentliche, 18, 702, 710.
Beglaubigte Abschriften 192, 533, 722 (Testament), 35*, 46*.
Behändigung 528.
Behörde, Abgabe einer Willenserklärung gegenüber einer B. 16 — öffentliche im Grundbuchverkehr 465.
Beistand 596.

Beitrag der Gesellschafter 94.
Beitritt zur Zwangsversteigerung 318.
Bekanntmachung der gerichtlichen Entscheidungen und Verfügungen (Zustellung, Behändigung usw) 162, 307, 395, 528.
Bekanntmachungen, öffentliche, im Allg. 169 — im Civilprozeßverfahren 169 -- im Konkursverfahren 403 — der Eintragungen in die Register 759, 812, 835, 839, 842, 848, 854 -- des Zwangsversteigerungstermins 323 — des Verkaufstermins beim Pfandverkauf 141.
Belastungen des Eigenthümers 454, 479 ff.
Belege f. Rechnungslegung.
Belegung des Kaufgeldes f. Vertheilung.
Beleidigung, Buße 107.
Benachrichtigung 528 — in Grundbuchsachen 452.
Benennung des Auktors (rechten Besitzers) 197.
Berathung 152.
Bereicherung, ungerechtfertigte 105.
Bergelohn 75.
Bergrecht 5, 371, 510, 15*, 28*.
Berggrundbuch 510, 28*.
Bergwerk, Nießbrauch 131.
Bergwerkseigenthum 371, 28* — Zwangsversteigerung 371, 15*
Berichtigung des Grundbuchs 459, 472.
Berichtigung des Thatbestandes und des Urtheils 189.
Beruf, Bestimmung und Wahl desselben 550, 589.
Berufung 213.
Berufung zur Vormundschaft 545.
Beschlagnahme 317 (Zwangsversteigerung), 361 (Zwangsverwaltung).
Beschränkungen des Eigenthums 453 — im Erwerbe von Grundeigenthum 14*.
Beschwerde 214, 339, 395, 508, 529, 540, 690, 863 — f. auch sofortige Beschwerde.
Besitz und Besitzklagen 112, 129.
Besoldung 33, 54.
Besonderes Ausgebot 333.
Besonderer Prüfungstermin 411.
Besorgung fremder Geschäfte f. Geschäftsführung ohne Auftrag.
Bestallung und Bestellung des Vormundes 549 — des Konkursverwalters 396 — des Verwalters bei der Zwangsverwaltung 362.
Bestandtheil 13 — Eigenthumserwerb 113.
Bestätigung 700.
Besteller eines Werks 43, 83.
Bestimmung des Gerichtsstandes 159.
Betheiligte, bei gerichtlichen Verhandlungen 705 — bei der Zwangsversteigerung 309.
Betheiligung Dritter am Rechtsstreit 196.
Beurkundung, gerichtliche oder notarielle 18, 700, 704.
Bevorrechtigte Gläubiger 393.
Bewegliche Sachen 13, 36, 59.
Beweisaufnahme 181.
Beweisbeschluß 181.
Beweissicherung (Beweis zum ewigen Gedächtniß) 183.
Bewilligung als Grundlage der Eintragungen in das Grundbuch 461.
Bienenschwarm 124.
Bietungskaution 330.
Bilanz 408 (Konkurs), 786 (Aktiengesellschaft), 805 (Gesellschaft mit beschränkter Haftung), 822 (Genossenschaft).
Bildung der Urkunden über Eintragungen im Grundbuch 500.
Binnenschiffahrt 186 (Beweissicherung), 869, 877 (Schiffsregister usw.
Blinde 706.
Blödsinnigkeitserklärung f. Entmündigung.
Bodmerei 72.
Börsenregister 100, 840.
Böser Glaube beim Besitz 127.
Brandschaden, Versicherung durch den Nießbraucher 131.
Briefwechsel 18.
Bringschulden 46.
Bruchtheile bei der Gemeinschaft 99 — bei Grundbucheigenthum 477.
Buchungszwang 444 – Ausnahmen 447.

Bürge, Tauglichkeit zur Sicherheitsleistung 36.
Bürgschaft 100.

C.

(Vergl. unter K. und Z.)

Cautionshypothek 492.
Cession s. Uebertragung der Forderung.
Chikaneverbot 33.
Collation s. Ausgleichung.
Condiktionen s. ungerechtfertigte Bereicherung.
Conventionalstrafe s. Vertragsstrafe.
Creditauftrag 102.

D.

Dampf, Zuführung von D. 116.
Darlehn 72.
Deckungsprinzip bei Zwangsversteigerung 324.
Deichwesen 5.
Deliktsfähigkeit 8, 10.
Dereliktion 624.
Deutsche Sprache, Gerichtssprache 152, 521.
Dienstbarkeiten 27, 480.
Diensteinkommen s. Besoldung.
Dienstlohn, Beschlagnahme 255.
Dienstvertrag 73.
Differenzgeschäft 100.
Dingliche Rechte, Eintragung ins Grundbuch 454, 479.
Dinglicher Gerichtsstand 158.
Dispache 881.
Dispensation von Ehehindernissen s. Befreiung.
Dolmetscher 709, 717.
Domizil s. Wohnsitz.
Dorfgerichte 51*.
Drei Monate = Vierteljahr 26.
Druck statt Unterschrift 18.
Dünger, Zubehör eines Landguts 14 — nach Beendigung der Pacht zurückzulassen 71.

E.

Ehe, Eheschließung 612, 616.
Ehefrau 11, 43, 617, 623, 624 f, 628, 632, 638, 641.
Ehegatten, Erbrecht 654 — Pflichttheilsrecht uud Enterbnng 680, 684.
Ehehindernisse 613.
Eheliches Güterrecht 620.
Ehelichkeitserklärung 604.
Ehesachen 222.
Ehescheidung 640.
Ehevertrag 629.
Eigenbesitz 112.
Eigenes Vermögen der Ehefrau 621 628, 631, 638, 640 — der Kinder 590.
Eigenmacht, verbotene 113.
Eigenschaften, zugesicherte 57.
Eigenthum 115.
Eigenthümer, Eintragung in das Grundbuch 475.
Eigenthümerhypothek 487.
Eigenthumserwerb, von beweglichen Sachen 120 — von Grundstücken 476.
Eigenthumsvorbehalt 56.
Einbringung von Sachen bei Gastwirthen 93.
Eingangsvermerk (Präsentation) 460.
Eingebrachtes Gut 621.
Eingebrachte Sachen, Pfandrecht bei der Miethe, Pacht- und Gastvertrag 66, 70, 94.
Einkindschaft 585.
Einlagen bei der Gesellschaft 92, 778 (Aktiengesellschaft), 797 (Kommanditgesellschaft auf Aktien), 803 (Gesellschaft mit beschränkter Haftung).
Einlagerer 79
Einlassungsfrist 170.
Einleitung der Nachlaßregulirung 687 — der Vormundschaft 544 — der Zwangsversteigerung 312.
Einrichtung, Wegnahme einer E. 44.
Einschreibung in das Grundbuch s. Eintragung.
Einseitige Rechtsgeschäfte 25 — Willensakte 21.
Einsicht der Akten 192, 533 — der Erbscheinsverhandlungen 669 — des Grundbuchs usw 451 — der Register 758, 841, 844, 852, 869.
Einsperrungsrecht 589.
Einsprachen in der Zwangsvollstreckung 250.

Einspruch 195.
Einstellung der Zwangsvollstreckung, -Versteigerung 261, 319.
Einsturz von Gebäuden, Schadensersatz 109 — drohender 117.
Einstweilige Verfügungen 270.
Eintragung in das Grundbuch 467.
Eintragungsverfügung 466.
Einwendungen in der Zwangsvollstreckung 250.
Einwerfung in die Erbmasse (Ausgleichung) 679.
Einwilligung des gesetzlichen Vertreters 9, 23, 25 — zur Eheschließung 613.
Eisenbahnbetriebsmittel, Pfändung 254 — im Konkurse 387.
Eisenbahnunternehmen 31, 41, 82 s. auch Kleinbahnen und Privateisenbahnen.
Elterliche Gewalt 588.
Elterliche Rechte und Pflichten 586.
Empfangsbekenntniß s. Quittung.
Ende eines Monats 27.
Endtermin 26.
Enteignung als Eigenthumserwerbsgrund 478 — Mitwirkung des Amtsgerichts beim E.-Verfahren 737.
Enterbung 683 — E. aus guter Absicht 684.
Entgangener Gewinn bei Schadensersatz 40, 41.
Enthaftung (Exnexuation) 469.
Entlassung aus der Mithaft 469 — des Vormunds 568.
Entlastung des Vormunds 570.
Entleiher 43, 44.
Entmündigung wegen Geisteskrankheit und Geistesschwäche 224 — wegen Trunksucht und Verschwendung 232.
Entsagung des Erbrechts s. Erbverzicht — der Erbschaft s. Ausschlagung.
Entscheidungsgründe 189.
Entsetzung des Vormunds 568.
Entziehung des Pflichttheils (Enterbung) 683.
Erbanfall 655.
Erbauseinandersetzung 676.
Erbanrecht 446, 477.
Erbbescheinigung s. Erbschein.
Erbeinsetzungsvertrag 726.
Erben, Aufgebot 671, 668 — Zwangsvollstreckung 245, 249.
Erbentsagungsvertrag 729.
Erbeseinsetzung 644.
Erbeslegitimation s. Erbschein.
Erbfolge, gesetzliche 650.
Erbgang, Eigenthumerwerbsgrund 475.
Erbklassen 651.
Erbloser Nachlaß 655.
Erbordnungen 651.
Erbpacht 5.
Erbrecht 147, 642 — E. des Fiskus 655.
Erbrezeß 687, 689.
Erbschaft 655 — Gerichtsstand 159 — im Konkurse 387.
Erbschaftsentsagung 655.
Erbschaftskauf 730.
Erbschaftsschulden 659.
Erbschaftssteueramt, Mittheilung an dass. 722.
Erbschein 667.
Erbtheilung 676.
Erbverträge 726.
Erbverzicht 729, 695.
Erfüllung 50 — Zug um Zug 48.
Erfüllungsort 46.
Erfüllungszeit 46.
Ergänzung des Urtheils 192.
Erinnerungen gegen die Zwangsvollstreckung 251.
Erkrankung des Dienstverpflichteten 74.
Erlöschen des Antrags 21.
Ermäßigungsrecht des Richters bei Abzahlungsgeschäften 40 — bei der Vertragsstrafe 49.
Erneuerung von Hypotheken-(Grundschuld- usw) briefen 507.
Eröffnung des Konkursverfahrens 401 — der Testamente 721, 49*.
Errichtung des Testaments 712 — von Urkunden 705, 50*.
Errungenschaftsgemeinschaft 637, 697.
Ersatz von Kosten und Aufwendungen 15, 42, 61.
Ersatzerbe 672.
Ersatzübernahme 325.
Ersatzzustellung 166.

Erschütterung durch benachbarte Grundstücke 116.
Ersitzung 121.
Ersteher 337.
Ersuchen von Behörden zum Grundbuch 465.
Erträge als Frucht 14.
Erweiterung der Zahlungspflicht bei der Zwangsversteigerung 327.
Erwerb des Besitzes 112 — des Eigenthums an beweglichen Sachen 120 — an unbeweglichen Sachen 476 — der Erbschaft 655.
Erwerb der Frau 618, 621, 624 — der Kinder 590.
Erwerbsgeschäft der Frau 624.
Erzeugnisse 14 — Erwerb 123 — Pfandrecht 135.
Erziehung und Erziehungsrecht 589 — religiöse insbes. 589.
Esel, Kauf, Mängel usw 60, 2*.
Exekutions-Intervention 201.
Exhibitionspflicht s. Vorlegung.
Exnexuation 469.
Expropriation s. Enteignung.
Exterritorialität 169.

F.

Fabrik, Zubehör derselben 14.
Fahrlässigkeit 40.
Fahrnißgemeinschaft 639, 697.
Faksimilirung als Unterschrift 18.
Familie, Rechte und Pflichten der Mitglieder 580.
Familienfideikommisse 5, 25*.
Familienname 586, 616, 640.
Familienrath 565.
Familienrecht 534.
Familienrechtliche Angelegenheiten 580.
Familienschluß 752, 61*.
Familienstiftungen 752, 60* — Aufgebot unbekannter Familienmitglieder 11*.
Faustpfandrecht 137.
Fehler, Haftung für F. 57.
Fehlerhafter Besitz 113.
Feiertage 27, 166, 260.
Feld- und Forstpolizeigesetz, Privatpfändung nach dems. 35.
Fensterrecht 7*.
Ferien 152, 525.
Feststellungsklage 200.
Feststellungsmaßregeln im Konkurse 408.
Fideikommissarische Substitution s. Nacherbschaft.
Fideikommisse 5 — Eintragung ins Grundbuch 465, 478, 25*.
Fideikommißfolge 478.
Fiduciarerbe s. Vorerbe.
Findlinge, Vormundschaft 537.
Firmen und Firmenregister 761.
Fischereirecht 5, 115.
Fiskus, Erbrecht 655, 671 — Gerichtsstand 158 — Vertretung 158.
Fixgeschäft 50.
Flößerei 187.
Floßführer 73, 187.
Floßmannschaft 73, 187.
Flußschiffahrt s. Binnenschiffahrt.
Forderungen, Pfandrecht 145 — Rangordnung derselb. im Konkurse 393 — im Zwangsversteigerungsverfahren 309 — Uebertragung (Cession) 52 — unpfändbare F. 255 — Verjährung 27 — Zwangsvollstreckung 260.
Form der Rechtsgeschäfte 16 — der Anmeldungen zu den Registern 759 — der Anträge in Grundbuchangelegenheiten 462.
Fortgesetzte Gütergemeinschaft 634, 693.
Fortsetzung der Ersitzung 122.
Frachtbrief 80.
Frachtvertrag 80.
Frauen, Schadensersatz bei sittlichen Vergehen gegen F. 40.
Frauengut 621.
Freies Vermögen der Frau 628, 631, 638, 640 — der Kinder 590 —
Freiheitsentziehung s. Schadensersatz.
Freilassung von Grundstücken aus der Mithaft 469.
Freiwillige Gerichtsbarkeit 519.
Freiwillige Versteigerung (Subhastation) 386, 17*.
Fristen 26.
Fristbestimmung durch das Nachlaßgericht 649.

Früchte 14 — **Pfändung vom Boden nicht getrennter Früchte** 252.
Frühjahr als Erfüllungszeit 27.
Führung der Vormundschaft 550.
Fund 124.
Fürsorge des Nachlaßgerichts 657.
Fütterungskosten 61.

G.

Garantieversprechen 61.
Gas, Zuführung von Nachbargrundstücken 116.
Gastwirth, Einbringung von Sachen bei G. 93.
Gattungskauf 58, 61.
Gebäude 14 — auf fremden Grund (Erbbaurecht) 477 — baufällige, Zwangsversteigerung 386 — Einsturz 109 — Feststellung des Zustandes im Enteignungsverfahren 737.
Gebot, geringstes 325.
Gebrauchsmuster, Schutz 837.
Gebundenheit bei Anträgen 21, 22.
Gefahrübergang beim Kauf 56 — beim Werkvertrag 84.
Gegenseitige Verträge 48.
Gegenvormund 548.
Gehaltsforderung s. Diensteinkommen.
Gehülfen 73.
Geisteskranke und -schwache 10, 11.
Geisteskrankheit, Entmündigung 223.
Geistesschwäche, Entmündigung 223.
Geistliche Anstalten 713.
Geldschulden 46.
Gemeinde, Anspruch auf Fundsachen 125.
Gemeindewaisenrath 563.
Gemeine Gefahr, Haftung aus Betrieben mit g. G. 41.
Gemeinheitstheilung 5.
Gemeinschaft 98.
Gemeinschaftlicher Besitz 114.
Gemeinschuldner 400.
Gemischte Ehe, religiöse Erziehung der Kinder 589.
Gendarmen, Ladung als Zeuge 173.
Generalagent 87.
Genehmigung 23.
Genossenschaft, Gerichtsstand 157 — **Konkurs** 428 — Nachschußverfahren 429 — **Registerführung** 812.
Genossenschaftsrechtl. Angelegenheiten 863.
Geräthschaften als Zubehör 14.
Gerechtigkeiten, Grundbuchblatt für G. 446, 29* — Zwangsvollstreckung 373, 15*.
Gerichtliche Bekanntmachungen und Mittheilungen 528.
Gerichtliche Beurkundung 18, 699, 704.
Gerichtliches Notariat 698.
Gerichtsferien s. Ferien.
Gerichtsschreiber 1.
Gerichtsvollzieher 240.
Geringstes Gebot 325.
Geruch, von Nachbargrundstücken 116.
Geräusch, von Nachbargrundstücken 116.
Gesammte Hand 95.
Gesammthypothek (Grundschuld usw) 490.
Gesammtpreis 58.
Gesammtschuldner 100.
Geschäftsbetrieb, Beschwerde üb. d. G. 529.
Geschäftsbücher, Einsicht 95.
Geschäftsfähigkeit 9 — Feststell. ders. 45*.
Geschäftsführung, ohne Auftrag 90.
Geschmacksmuster, Schutz 837.
Geschwister, Erbrecht 651.
Gesellschaft 94.
Gesellschaft mit beschränkter Haftung 800.
Gesetzliche Erbfolge 650.
Gesetzliches Pfandrecht 137.
Gesetzliches Verbot, Verstoß dagegen 106.
Gesetzlicher Vertreter 23.
Gesetzliche Vormundschaft 544, 35*.
Gesindedienststreitigkeiten 156.
Gesinderecht 5, 12, 73, 1*, 3*.
Gestohlene Sachen 120, 129.
Gesundheit, Gefährdung derselben bei der Miethe 64 — beim Dienstvertrag 74.
Gewährfristen beim Kauf von Hausthieren 60, 2*.
Gewährleistung 57.
Gewalt, elterliche, des Vaters 588 — der Mutter 596.
Gewerbliche Niederlassung, Gerichtsstand 158 — im Konkurse 394.

Gewerkenbuch 511.
Gezähmte Thiere 124.
Glaubhaftmachung 202, 527.
Gläubigerausschuß 398.
Gläubigerversammlung 399.
Goldsachen, Versteigerung 142.
Grenze 117.
Grenzstreitigkeiten 117.
Grenzverwirrung 119.
Grenzzeichen 117.
Grobe Fahrlässigkeit 40.
Großjährigkeit s. Volljährigkeit.
Grundakten 450.
Grundbuch 444 — Grundbuchamt 441, 20* — Grundbuchwesen überhaupt 441.
Grundbuch-Anlegungsverfahren 21*.
Grunddienstbarkeiten 480 — Besitzschutz 114.
Grundschuld 496.
Grundschuldbrief 508.
Grundstücke, das G. betreffende Recht 112, 441 — Aufgebot 283, 21*.
Gutachter s. Sachverständige.
Guter Glaube 121 s. auch öffentlicher Glaube.
Gütergemeinschaft s. allgemeine, Errungenschafts-, Fahrniß- und fortgesetzte Gütergemeinschaft.
Güterrecht, eheliches 620.
Gütertrennung 627.
Gutsabtretungs- (überlassungs-) Vertrag 696, 4*.
Gute Sitten, Verstoß gegen g. S. 38, 106.

H.

Haft, Haftbefehl 265.
Haftung für Schadensersatz 40 — des Grundbuchamts 443 — des Vormunds und Vormundschaftsgerichts 559, 562.
Halbes Jahr, halber Monat 26.
Handelsbücher, Niederlegung und Ort derselben 865.
Handelsgeschäfte 20, 21, 26, 27, 41, 100, 101.
Handelsgesellschaften 768.
Handelskauf 62.
Handelsmäkler 3* s. auch Mäklervertrag.
Handelsrechtliche Angelegenheiten 863.
Handelsregister 758.
Handlungsagent 86.
Handlungsfähigkeit 8.
Handlungsgehülfe 72, 76.
Handlungslehrling 72, 76.
Handzeichen 17 — Beglaubigung 710.
Hauptmängel bei Hausthieren 60, 2*.
Hauptsache 14, 58.
Hauskinder 586, 588.
Häusliche Gemeinschaft, Aufnahme in die häusl. G. 74.
Hausthiere (Pferde, Esel, Maulesel u. Maulthiere, Rindvieh, Schafe und Schweine), Gewährleistung wegen Mängel 60, 2*.
Hecken, gemeinschaftliche Benutzung 119, 8*.
Heimathshafen der Seeschiffe 869.
Heimathsort der Binnenschiffe 869.
Heirathserlaubniß bei zweiter Ehe 615.
Heirathsvermittlung 85.
Hemmung der Verjährung 28, 59, 83.
Herausgabe von Früchten 15 — eines Inbegriffs 45.
Herausgabepflicht bei ungerechtfertigter Bereicherung 108.
Herbst als Erfüllungszeit 27.
Herrenlose Sachen 124.
Hinausschiebung bei Vollendung der Verjährung 28.
Hingabe an Zahlungsstatt 51.
Hinterlegung 91, 740 — von Testamenten 719.
Hinterlegungsschein über Testamente 719.
Hinterlegungswesen 740.
Höchstbetrag, Hypothek zu einem H. 492.
Höhere Gewalt 28, 93.
Holschulden 46.
Honorar s. Vergütung.
Hypothek 484.
Hypothekenbrief 502.

J.

Jagdrecht 5, 115.
Jahr, Berechnung 26, 27.

Identität, Feststellung derselben bei Verhandlungen 708.
Illoyale Handlungen 108.
Inbegriff 45, 130.
Indossament 236.
Indossirbare Papiere 135, 146.
Inhaberpapiere 135, 146.
Insel, Eigenthum daran 479.
Interessenten bei der Zwangsversteigerung 309.
Interimistikum 611.
Intervention, Neben- 201 — Interventionsklage 201.
Intestaterbfolge s. gesetzliche Erbfolge.
Inventar, erbrechtlich 662 — im Konkurs 408 — bei der Pacht 70.
Inventarrecht 662.
Irrthümlich gelöschte Posten, Wiedereintragung 460, 472.
Judenthum, Austritt aus dem J. 736.
Juristische Früchte 14.
Juristische Personen 12 — Beschränkungen ders. im Erwerb von Grundstücken 14* — Eintragung in das Handelsregister 811 — Konkurs 428.

K.

(Vergl. auch unter C.)
Kammergericht, Zuständigkeit für die weitere Beschwerde 510, 532, 33*.
Karte bei der Auflassung von Trennstücken 445.
Kassenbeamte der Post, Klagen gegen solche 174.
Kataster, Verbindung mit dem Grundbuch 447.
Kauf 55 — Handelskauf 62 — auf Probe 62 — nach Probe 62 — bricht nicht Miethe 68.
Kaufleute 31, 38, 39, 40, 49, 89.
Kaufmann, Eintragung der Firma 761.
Kaufmännisches Zurückbehaltungsrecht 47.
Kaufverbot für gewisse Personen 56.
Kaution s. Sicherheitsleistung.
Kautionshypothek 492.
Kinder, rechtliche Stellung 584 — aus geschiedenen Ehen 610 — aus nichtigen Ehen 610 — an Kindesstatt angenommen 605 — legitimirte 603 — uneheliche 599.
Kirche, Austritt aus der K. 736.
Kirchen, Erbfähigkeit 713.
Klage 198 — besondere Klagen 199.
Kleineisenbahnen, Grundbuch 511 — Zwangsliquidation 378 — Zwangsversteigerung 375.
Klöster, Erbfähigkeit 713.
Kodizill vgl. Testament.
Kollation s. Ausgleichung.
Kommanditgesellschaft 773 — auf Aktien 796.
Kommissionsgeschäft 76.
Konfusion s. Vereinigung.
Konkurrenzklausel 76.
Konkurrirendes Verschulden 42, 110.
Konkurs 386 — über eine Genossenschaft 428 — über einen Nachlaß 433
Konkurseröffnung 401.
Konkursgläubiger 389, 398.
Konkursgericht 394.
Konkursmasse 387.
Konkurstabelle 411.
Konkursverfahren 386.
Konkursverwalter 396.
Konsolidation s. Vereinigung.
Kontokorrent 39.
Konventionalstrafe s. Vertragsstrafe.
Körperverletzung, Schadensersatz 40, 42 — Buße 107.
Korrealhypothek s. Gesammthypothek.
Korrespektives Testament 724.
Kostenerstattung 203.
Kostenfestsetzung 206.
Kostenpflicht 203 — in Sachen der freiw. Gerichtsbarkeit 33*.
Kreditinstitute, Rechte in der Zwangsversteigerung 309, 314, 365.
Kriegsverschollenheit 279.
Kostbarkeiten und Kunstgegenstände, Haftung des Frachtführers 80 — des Gastwirths für eingebrachte 93
Kreditauftrag 102.
Kündigungsfrist bei der Miethe 67.
Kündigungsklage 200.
Kuratel s. Pflegschaft.
Kuxscheine, Aufgebot 12*.

L.

Ladeschein 80.
Ladung 169 — öffentliche 169 — der Zeugen und Sachverständigen 173.
Lagergeschäft 79.
Landesgesetze, Aufhebung 4.
Landgut, im Erbrecht 678, 681, 695 — Pacht 71 — Zubehör 14.
Landgüterordnungen 518.
Landschaften s. Kreditinstitute.
Landwirthschaftliche Grundstücke, Pacht 71.
Lebensalter 9, 26.
Legalisation 43*.
Legat s. Vermächtniß.
Legitimation unehelicher Kinder 603.
Legitimation, Prüfung im Grundbuchverkehr 463.
Leibesfrucht 8, 575, 658, 677.
Leibgedingsvertrag 696, 4*.
Leibrente 99.
Leibzuchtsvertrag 696, 4*.
Letztwillige Verordnungen 711.
lex commissoria b. Pfandrecht 140.
Liquidation der Genossenschaft 829 — der Gesellschaft 97 — der Handelsgesellschaften 772, 793, 809 — der Vereine 850 — Zwangsliquidation 378.
Liquidationsverfahren, erbschaftliches s. Aufgebot der Nachlaßgläubiger.
Loos bei der Auslobung 87, 88 — bei der Erbtheilung 689.
Löschungen im Grundbuch 471 — in den Registern 766, 767, 773, 794, 831 — von Amtswegen 857.

M.

Mahnung 54.
Mahnverfahren 239.
Mäklervertrag 85.
Mängelanzeige 60 — beim Handelskauf 62.
Manifestationseid s. Offenbarungseid.
Marktpreis 56.
Massengläubiger, -kosten, -schulden 391, 392.
Mauern, gemeinschaftliche 119.
Maulesel, Maulthiere, Kauf, Mängel usw 60, 2*.
Mechanische Vervielfältigung der Unterschrift 18.
Mehrfache Pfändung 138, 262.
Mehrheit von Bürgen 101 — von Pfändern 138, 140 — von Pfandgläubigern 140.
Meistgebot 327, 337.
Miethe 63.
Militärperson 11, 55, 58.
Minderjährige 9, 11, 28.
Minderung 57, 58.
Mindestgebot s. geringstes Gebot.
Mitbesitz 138, 140.
Miteigenthum 477.
Miterben, Auseinandersetzung derselben 676 — vor Notar 42*.
Mithaft, Entlassung aus der M. 469.
Mitte eines Monats 27.
Mittheilungen, gerichtliche 528.
Mitwirkendes Verschulden 42, 110.
modus s. Auflage.
Monat 26, 27.
Mündelgeld, Anlegung 552 — Sicherheit 36*, 37*.
Mündliche Anträge zum Grundbuch 460.
Mündliche Nebenabreden s. Nebenabreden.
Mündliche Verhandlung 177.
Musterregister und -schutz 837.
Mutter, elterliche Gewalt 596 — ihre Rechte neben dem Mann 588.

N.

Nachbarrecht 115, 116, 6*.
Nacherbschaft 672.
Nachlaß, erbloser, Aufgebot 671.
Nachlaß des Pachtzinses 69.
Nachlaßbehandlung 657, 685.
Nachlaßgericht 642.
Nachlaßgläubiger 659 — Aufgebot 287.
Nachlaßinventar, -verzeichniß 662.
Nachlaßpflegschaft 658.
Nachlaßregulirung 676.
Nachlaßverwaltung 660.
Nachschußpflicht, -verfahren 429.
Nachsendung von Briefen mit Zustellungsurkunde 166.
Nachzettel 726.
nasciturus s. Leibesfrucht.

Natürliche Früchte 14.
Nebenabreden, mündliche 22.
Nebenintervention 196.
Nebenleistungen, Verjährung 28.
Nebenrechte, Uebergang 53.
Nebensachen bei der Wandelung 58.
Nicht buchungspflichtige Grundstücke 447, 21*.
Niederlegung, Zustellung durch N. 166, 167.
Nießbrauch an Sachen 130 — an Grundstücken 481 — an Rechten 134 — an einem Vermögen 136 — väterlicher (elterlicher) 588, 590.
nominatio auctoris s. Benennung.
Notarielle Beurkundung 18, 704.
Notariatsurkunden, Aufbewahrung 738.
Nothfristen 163, 195, 214, 221, 278.
Nothstand 34.
Nothweg 118.
Nothwehr 34.
Nutznießung, elterliche 588, 590.
Nutzungen 15, 61, 127,

O.

Oberbergamt 28*.
Obstbäume 117.
Offenbarungseid 264.
Offene Handelsgesellschaft 768.
Offener Arrest 407.
Offen übergebenes Testament 715.
Oeffentliche Beglaubigung 18, 702, 710.
Oeffentliche Bekanntmachung 24 — im Konkursverfahren 395 — in Registerangelegenheiten 759, 812, 839, 848, 854 — im Zwangsversteigerungsverfahren 323.
Oeffentliche Kassen, Zahlung aus denselben 46.
Oeffentliche Lasten 13*.
Oeffentliche Versteigerung 61, 141.
Oeffentliche Zustellung 15, 169.
Offiziere, Klagen gegen O. 174 — Offenbarungseid 265.
Ordnung, Aufrechterhaltung der O. 151, 522.
Ordnungsstrafe 151, 522, 32*.
Ordnungsstrafverfahren in Registerangelegenheiten 859.
Ort der Amtshandlungen 523 — der Aufbewahrung von Geschäftsbüchern, aufgelöster Aktien- rc. Gesellschaften 865 — der Vorlegung von Sachen 104.
Ortsgebrauch 74, 82, 85, 86.
Ortssperre, Testament bei O. 725.

P.

Pacht 69.
Parentelensystem 651.
Parteibetrieb 162.
Parteien s. Betheiligte.
Passivmasse s. Schuldenmasse.
Patent, Verletzung 107.
Personalarrest 267.
Personalsicherheit 36.
Personenstand, Angelegenheiten betr. dens. 732.
Persönliche Dienstbarkeiten 482.
Persönlichkeit, Feststellung bei gerichtlichen Verhandlungen 708.
Pertinenz s. Zubehör.
Petitorische Klage 114.
Pfandrecht, an beweglichen Sachen 137 — gesetzliches 137 — an Rechten 145.
Pfändung 251 — der Pfändung nicht unterworfene Forderungen 255 — Sachen 252 — für mehrere Gläubiger 262 — des Anspruchs auf Auflassung 474 — der Hypothek (Grundschuld usw) 485.
Pfandverkauf 141.
Pferde, Kauf, Mängel usw 60, 2*.
Pflanzen, eingepflanzte 14.
Pflegekinder 585.
Pflegschaft 573.
Pflicht zur Uebernahme der Vormundschaft 546.
Pflichttheilsrecht 679.
Photographieen, Nachbildung 107.
Planken, gemeinsame Benutzung 119.
Postanstalten, Pflicht derselben im Konkurse 408.
Postbeförderungsvertrag 73, 82.
Posthaltereien, Inventur derselben, Pfändung 254 — im Konkurse 387.
Postsendungen, Beschlagnahme 408.
Präsentation s. Eingangsvermerk.

Preisbewerbung 88.
Prioritätseinräumung 457.
Privateisenbahnen 374, 511.
Privatpfändung 35.
Privilegirte Gläubiger 309, 393 — Testamente 725.
Prodigalitätserklärung s. Entmündigung wegen Verschwendung.
Prorogation s. vereinbarter Gerichtsstand.
Protest s. Schiffsprotest, Seeprotest, Wechselprotest.
Protokoll 178, 525, 707, 716, 31* — Anträge zum Protokoll des Gerichtsschreibers 193.
Protokollführung 177.
Provision 77, 78, 85, 86, 91.
Provokation auf Nachlaßregulirung 686.
Prozeßkosten 202.
Prüfung der Anträge zum Grundbuch 466.
Prüfungstermin, allgemeiner 411.
Publikation der Testamente s. Eröffnung.

Q.

Quittung 19, 52.

R.

Rain, gemeinschaftliche Benutzung 119.
Rangänderung 457.
Rangordnung der Eintragungen im Grundbuche 456, 470 — der Forderungen und Gläubigerrechte im Konkurse 393 — in der Zwangsversteigerung 309 — mehrerer Pfandrechte 138.
Rangvorbehalt 457.
Rath 90.
Rauch von Nachbargrundstücken 116.
Räumungsfristen 65.
Realsicherheit 36.
Rechenschaft s. Rechnungslegung.
Rechnungslegung 44, 98, 561 (Vormund).
Rechtsfähigkeit 8.
Rechtsmittel 213.
Rechtsverwirkung, Vorbehalt der R. 39, 50. 140,
Rechtzeitigkeit der Annahme 21.
Registerführung 756.
Reichsgesetze bleiben in Kraft 4.
Reichsschuldbuch, Eintragung in dasselbe 36, 407, 553, 554, 671.
Reihenfolge der Eintragungen in das Grundbuch 456, 470 — der Gläubiger 309 (Zwangsversteigerung), 393 (im Konkurse).
Religiöse Erziehung 589.
Rentengüter 518.
Rentenschuld 497.
Rentenschuldbrief 508.
Resubhastation s. Wiederversteigerung.
Retentionsrecht s. Zurückbehaltungsrecht.
Reugeld 50.
Revennuenhypothek 495.
Rindvieh, Kauf, Mängel usw 60, 2*.
Rückforderung 106, 107, 166.
Rückgewähr eines Pachtgutes 70, 71.
Rückkaufshändler 37.
Rücktritt 49 — bei Abzahlungsgeschäften 39 — beim Eigenthumsvorbehalt 56 — beim Frachtgeschäft 80 — beim Werkverdingungsvertrag 83.
Rückziehung der Rechtsfolgen beim Eintritt oder Ausfall einer Bedingung 22 — bei Genehmigung 25.
Ruhen der elterlichen Gewalt 594.
Ruß von Nachbargrundstücken 116.

S.

Sachen 13 — bewegliche, unbewegliche, verbrauchbare, vertretbare 13.
Sachbeschädigung, Schadensersatz 42.
Sachgesammtheit 13.
Sachverständige, Ladung 173.
Samen, eingesäeter 14.
Schadensersatz 40.
Schafe, Kauf, Mängel usw 60, 2*.
Schatz 126, 131.
Schätzungswerth 70, 94, 681, 695.
Schenkung 40, 42, 700.
Schiffer s. Binnenschiffahrt und Seeschiffahrt.
Schiffsprotest = Beweissicherung bei der Binnenschiffahrt.

Schiffsregister, Einrichtung und Führung 867.
Schlußnote der Handelsmäkler 86.
Schlußrechnung des Konkursverwalters 398 — des Vormunds 569.
Schlußtermin 416.
Schlußvertheilung 416.
Schreibensunfähige und -unkundige 709, 719.
Schriftform 17.
Schriftsätze 175.
Schuldenmasse bei der Erbtheilung 659, 678 — im Konkurse 410.
Schuldanerkenntniß 20.
Schulden der Eheleute 626, 632.
Schuldschein 52, 123.
Schuldverschreibungen auf den Inhaber 20, 38, 120, 135, 147.
Schuldversprechen 20.
Schwangerschaft, Ansprüche daraus 603, 658.
Schweigen 88.
Schweine, Kauf, Mängel usw 60, 2*.
Sechs Monate 25.
Seeauswurf 73.
Seedarlehn s. Bodmerei.
Seefrachtvertrag 82.
Seenoth 73.
Seeprotest s. Verklarung.
Seetestament 725.
Seeverschollenheit 279.
Selbständige Gerechtigkeiten 373, 446, 29*.
Selbsthülfe 34 — Selbsthülfeverkauf 62, 78.
Selbstschutz beim Besitz 113.
Selbstschuldnerische Bürgschaft 101.
Selbstvertheidigung 34, 86.
Sensale s. Mäkler.
Sequester 198, 474.
Servitut s. Dienstbarkeit.
Sicherheitsarrest, persönlicher 267.
Sicherheitsleistung 35 — des Vaters 593 — des Vormundes 561.
Sicherung des Beweises 183.
Sicherungshypothek 84, 492.
Sicherungsmaßregeln im Konkurse 408 — betreffs des Mündelvermögens 552, 561.
Siegelung 408 (im Konkurse), 657, 41* (im Nachlaßverfahren).
Silbersachen, Versteigerung 192.
Simultangründung der Aktiengesellschaft 779.
Sitte, gute, Verstoß dagegen 15.
Sittliche Vergehen gegen Frauenspersonen 108.
Sittlichkeit, Anlagen, die die S. erfordert, beim Dienstvertrag 74.
Sitzungspolizei 151, 522.
Sitzungsprotokoll 178.
Sofortige Beschwerde 219, 531.
Soldatentestament 725.
Sonntag 27, 166 (Zustellung), 260 (Zwangsvollstreckung).
Sorgfalt, wie in eigenen Angelegenheiten 40, 41.
Sparkassen, Belegung von Mündelgeld bei denselben 553, 37* — Zinseszinsen 39.
Sparkassenbücher, Aufgebot 291.
Speditionsgeschäft 78.
Spezifikation s. Umbildung.
Spiel 99.
Staatsschuldbuch 36, 407, 553, 554, 671 — St.-Forderungen im Konkurse 407.
Standesamt, Anzeigepflicht 539, 40*.
Standesregister, Aufbewahrung, Berichtigung 733.
Stellvertretung 23, 41.
Stempel statt Unterschrift 18.
Stiftung 13, 19 — Verwaltung der Stiftungen 752.
Stillschweigende Vollmacht 25 — Verlängerung der Miethe 62.
Stillstand der Rechtspflege hemmt die Verjährung 28.
Stimmrecht im Konkurse 400, 406, 411.
Strauch 117 — auf der Grenze 119.
Streitverkündung 197 — unterbricht die Verjährung 21 — Einfluß auf Gewährleistung 60.
Stumme, Verhandlung mit ihnen 709 — Testament 716.
Stundung hemmt die Verjährung 28 — des Kaufpreises 56 — des Werklohns 83.

Subhastation s. Zwangsversteigerung — freiwillige 17*.
Substitution s. Ersatzerbe und Nacherbschaft.
Successionsordnung s. Erbfolgeordnung.
Successivgründung der Aktiengesellschaft 780.
Sühneversuch 198 — in Ehesachen 223.
Superfizies s. Erbbaurecht.
Synagogengemeinde, Austritt 736.

T.

Tabelle zu den Grundakten 450 — im Konkurse 410, 411.
Tag 26.
Tagebuch des Grundbuchführers 450 — des Handelsmäklers 86.
Taube und Taubstumme 41 — Verhandlung mit denselben 709, 45* — Testament 716.
Taxe 678, 738.
Telegramme, Beschlagnahme 408.
Telegraphenanstalten, Pflicht derselben im Konkurse 408.
Telegraphische Uebermittelung 18.
Termin 26 — Terminsbestimmung 170, 174, 523.
Testament 711 — Aufbewahrung 719 — Aufschrift 719 — Eröffnung 721 — Errichtung 715.
Testamentsfähigkeit 10, 11, 712.
Testamentsvollstrecker 644.
Thatbestand 189, 191.
Theilleistung 51.
Theilabtretung 504.
Theillöschung 503, 505.
Theilungsmasse 344 (Zwangsversteigerung) 407 (Konkurs).
Theilungsplan 343.
Theilungspflegschaft 615, 694.
Theilungssachen 690.
Thiere, Haftung für Schaden durch T. 41, 108.
Tod 15, 22, 67, 89, 90, 96, 98, 103, 113.
Todeserklärung 8, 278.
Tödtung eines fehlerhaften Thieres 61.
Transport s. Versendung.
Trennstücke, Ab- und Zuschreibung 445.
Treue und Glauben 20, 23, 38.
Trigonometrische Marksteine 478.
Trunksucht, Entmündigung wegen T. 232.

U.

Ueberbau 117.
Ueberfallsrecht 117.
Uebergabe, Gefahrübergang u. Kosten 56 — als Eigenthumserwerb 120 — bei Pfandbestellung 137.
Uebergang einer Forderung s. Uebertragung.
Uebergang der Gefahr 56.
Uebergang der im Grundbuch eingetragenen Lasten 469.
Ueberhangsrecht 117.
Ueberlegungsfrist s. Ausschlagungsfrist.
Uebernahme der dem bestberechtigten betreibenden Gläubiger vorgehenden Ansprüche bei der Zwangsversteigerung 324 — einer Hypothek in Anrechnung auf das Kaufgeld 19, 486.
Uebertragsvertrag 696, 4*.
Uebertragung der Forderung 52, 485 (Hypothek) — gegen den Ersteher im Zwangsversteigerungs-Verfahren 348.
Umbildung, Eigenthums-Erwerbsart 123 — schließt Wandelung nicht aus 58.
Umwandlung einer Aktiengesellschaft in eine Gesellschaft mit beschränkter Haftung 810 — einer Kommandit-Gesellschaft auf Aktien in eine Aktien-Gesellschaft 800.
Unbewegliche Sachen 13.
Uneheliche Kinder 599.
Uneigentlicher Nießbrauch 133.
Unerlaubte Handlungen 107.
Unfähigkeit als Vormund 546.
Ungerechtfertigte Bereicherung 105.
Ungewöhnliche Verjährung 31, 121.
Unlauterer Wettbewerb 107.
Unmittelbarer Besitz 112.
Unpfändbare Sachen und Forderungen 252, 255.

Unredlicher Besitzer 127.
Unregelmäßiger Verwahrungsvertrag 93.
Unschädlichkeitsatteste 470, 25*.
Untauglichkeit zur Vormundschaft 546.
Untheilbarkeit des Rücktrittsrechts 50.
Unterbrechung der Verjährung 29.
Unterhaltspflicht 580.
Untermiethe 65.
Unternehmer 41, 43, 82.
Unterschrift bei Urkunden, Verträgen, letztwilligen Verfügungen 17, 708, 718.
Unterschriftszeuge 709.
Unvordenkliche Ersitzung und Verjährung 31, 121.
Unzurechnungsfähigkeit 10, 11, 41.
Urheberrecht 107.
Urkunden 698 — über Handlungen die nicht Rechtsgeschäfte sind 50* — Ausfertigung usw 710, 46*.
Urkundenprozeß 234.
Urtheil 189.
Urtheilsverzeichniß 190.

V.

Väterliche Gewalt 589 — Nutznießung 588, 590.
Verarbeitung, Eigenthumserwerbsart 123.
Veräußerung der Miethsache 68.
Verbindung, Eigenthumserwerbsart 122 — des Grundbuchs mit dem Kataster 447.
Verbot des Kaufes für gewisse Personen 57 — der Siegelung und Inventur 658, 718.
Verbrauchbare Sachen 13, 94 (Gesellschaft), 133 (Nießbrauch).
Vereinbarter Gerichtsstand 160.
Vereine 12 — Vereinsregister 844.
Vereinfachte Zustellung 171.
Vereinigung von Eigenthum und dinglichen Rechten in einer Person 132, 134, 144.
Verfallene Gebäude, Zwangsversteigerung 381, 386.
Verfallzeit, Klage auf Zahlung zur V. 200.
Verfügungen 1, 528 — einstweilige 270.
Verfügungsbeschränkung 453.
Verfügungsfähigkeit s. Geschäftsfähigkeit.
Vergleich 20, 102.
Verjährung 27.
Verkehrssitte 20, 21.
Verklarung 185, 880.
Verlängerung einer Frist 27 — der Verjährungsfrist 31.
Verlautbarung 708.
Verlöbniß 43.
Verlorene Sachen 120, 129.
Verlust des Besitzes 112 — des Eigenthums 120.
Vermächtniß 644, 649.
Vermengung und Vermischung, Eigenthumserwerbsart 122.
Vermögen, Nießbrauch 136 — Uebertragung 700.
Vermögen, eigenes (freies) der Frau 621 — der Kinder 590.
Vermögensauseinandersetzungen 690.
Vermögensschaden 40.
Vermögensrechte, Zwangsvollstreckung in V. 261.
Verordnungen, letztwillige s. Testament.
Verpfändung s. Pfandrecht — der Hypothek usw 485.
Verpflegung des erkrankten Dienstverpflichteten 75.
Verpflegungspflicht s. Unterhaltspflicht.
Versagung des Zuschlags 338.
Versäumnißurtheil, -verfahren 189.
Verschlossen übergebenes Testament 715.
Verschollenheit 278.
Verschulden, als Voraussetzung der Schadensersatzpflicht 40.
Verschwender, Entmündigung 232.
Versehen s. Fahrlässigkeit.
Versendung, Uebergang der Gefahr und Kosten bei V. 56.
Versteigerung 22, 330 — Bedingungen 327 — Termin 321.
Vertheilung des Kaufgeldes 343 — im Konkurse 413.
Vertheilungsverfahren 262 — bei der Enteignung 55* — in der Zwangsverwaltung 363.

Verträge, Beurkundung 704 — Form 16, 700.
Vertragsstrafe 40, 48.
Vertretbare Sachen 13.
Vertreter s. Stellvertreter.
Vertretung, gegenseitige der Richter 30*.
Verwahrung der Testamente 719, 48* — vorläufige V. 748.
Verwahrungsbuchauszug s. Hinterlegungsschein.
Verwahrungsvertrag 91.
Verwalter im Konkurse 396.
Verwaltung 132, 134 — von Stiftungen 752.
Verwendungen s. Aufwendungen.
Verzeichniß des Bestandes eines Vermögens usw 45, 130 — des Nachlasses 665.
Verzögerung, Beschwerde 529.
Verzug 38, 43, 46, 49, 56, 74, 100.
Vorzugszinsen s. Zinsen.
Viehmängel 60, 2*.
Vierteljahr 26.
Vitalitienvertrag 696, 4*.
Volljährigkeit 9 — Volljährigkeitserklärung 576.
Vollmacht 24 — vermuthete 25 — vollmachtlose Stellvertretung 25.
Vollstreckbare Ausfertigung 244 — Titel 140, 145, 240, 313.
Vollstreckbarkeit 240 — vorläufige V. 243.
Vollstreckung gerichtlicher Anordnungen 31*.
Vollstreckungsbefehl 239.
Vollstreckungsklausel 244.
Vorausklage, Einrede der V. 101.
Vorbehalt des Eigenthums 56 — des Ranges 457 — des Rücktritts vom Erbvertrage 728 — der Verwirkung 142.
Vorbehaltsgut 628, 631, 638, 640.
Vorbereitende Schriftsätze 175.
Vorerbschaft 672.
Vorkaufsrecht 62, 482.
Vorläufige Vollstreckbarkeit 243.
Vorlegung 104.
Vorleistung 48.
Vorlesung des Protokolls 180, 708, 718.
Vormerkungen 458, 468, 472.
Vormundschaft 535, 544 — vorläufige Vormundschaft 572.
Vorrechtseinräumung 457.
Vorsatz 40.
Vorzugsrechte im Konkurse 393 — in der Zwangsversteigerung 309.

W.

Waarenzeichen, unbefugte Benutzung 107.
Wahl des Gläubigers oder Schuldners beim Schadensersatz 42 — des Käufers bei der Gewährleistung 57 — des Klägers unter mehreren Gerichtsständen 155.
Wahlverbindlichkeiten 51 — =Vermächtniß 649.
Wahnsinnige s. Geisteskranke.
Waisenrath 563.
Waldgrundstücke 117, 119, 131 (Nießbrauch).
Wandelung 57 (Kauf), 60 (bei Thieren), 82 (Werkverdingung).
Wartezeit, zehnmonatige der Wittwen, Befreiung davon 613, 614.
Wasserrecht 5.
Wechsel 235.
Wechselprotest 735.
Wechselprozeß 235.
Wechselseitiges Testament 724.
Wegnahme einer Einrichtung 34, 128, 132.
Weidefrevel, Privatpfändung bei W. 35.
Weitere Beschwerde 217, 510, 531.
Werkverdingung 74.
Werthpapiere 36, 55, 80, 92.
Wesentlicher Bestandtheil 14.
Wette 99.
Widerruf 24 (Vollmacht), 88 (Auslobung), 89 (Auftrag), 104 (Anweisung).
Widerspruch gegen das Grundbuch 460, 472 — im Mahnverfahren 239 — in der Zwangsvollstreckung 201, 251, 319.
Wiedereinsetzung in den vorigen Stand 195, 531, 689.
Wiedereinsiegelung letztwilliger Verfügungen 723.

Wiedereintragung irrthümlich gelöschter Posten 473.
Wiederherstellung des früheren Zustandes bei Schadensersatz 41.
Wiederinkurssetzung 739.
Wiederkaufsrecht 27*.
Wiederkehrende Leistungen, im Konkurse 393 — in der Zwangsversteigerung 312, 326.
Wiederverheirathung 615.
Wiederversteigerung 355.
Wildschaden 5, 109.
Willenserklärung 15 — Zwangsvollstreckung des Urtheils auf Abgabe einer W. 260.
Willensmängel beim Stellvertreter 24.
Winkel 119.
Woche 26.
Wohnsitz 11.
Wohnung, Gesundheitsgefährlichkeit bei Miethe 64.
Wuchergesetz 38.
Wucherzinsen 39, 107.

Z.

Zahlungsbefehl 239.
Zahlung zur Verfallzeit, Klage auf 200.
Zahlungseinstellung 401.
Zahlungsunfähigkeit 401.
Zäune 8*.
Zeichenregister 756.
Zeit der gerichtlichen Handlungen 523.
Zeitbestimmung 23, 47.
Zeugen, Ladung 173.
Zeugniß über die Rechtskraft der Urtheile 242 — über das Erbrecht 667 über Gütergemeinschaft 670 — für den Testamentsvollstrecker 671.
Zinsen 38 — Zinseszinsen 39.
Zubehör 14.
Zucht-, Züchtigungsrecht 589.
Zug um Zug 47, 48, 50 — Zwangsvollstreckung 247.
Zurückbehaltungsrecht 25, 47, 66, 128.
Zurückführung des Grundbuchs auf die Grundsteuerbücher 448.
Zurückgabe der Bestallung des Vormunds 570 — der Sicherheit 209 — des Testaments 720.
Zurücknahme des Testaments 720.
Zuständigkeit der Amtsgerichte 155 der Landgerichte 157.
Zustellung 162 — öffentliche 169 — von Amtswegen (vereinfachte) 171.
Zustellungsbevollmächtigte 164.
Zustellungsurkunde 168.
Zustimmung 23.
Zwangseintragung des Eigenthümers im Grundbuch 474.
Zwangserziehung 578.
Zwangsliquidation 378.
Zwangsvergleich 418.
Zwangsversteigerung 306, 312.
Zwangsverwaltung 360 — der Kreditinstitute 365.
Zwangsvollstreckung in das bewegliche Vermögen 240 — in das unbewegliche Vermögen 303.
Zwangsvollstreckung gegen Fiskus usw 251.
Zwangsvollstreckungstitel 240, 313.
Zweigdokument 505.
Zweige vom Nachbargrundstück 117.
Zweigniederlassung 760.
Zweite Ehe, Erlaubniß 615.
Zwischenraum 119.
Zwischenverfügungen in Grundbuchsachen 466.
Zwischenzinsen 47, 106, 139.

Druck von A. W. Hayn's Erben, Berlin und Potsdam.

FSC
www.fsc.org
MIX
Papier | Fördert gute Waldnutzung
FSC® C083411

Kolibri 360 GmbH
Ferdinand-Jühlke-Straße 7
99095 Erfurt, Deutschland
produktsicherheit@kolibri360.de